초등 5, 6학년 영어에서 놓치면 안 되는 것들

## 지은이 김경하

서강대학교 영문과를 졸업하고, American University에서 TESOL 석사 학위 취득 후 YBM-Sisa Education 강사를 거쳐 현재 부모 및 교사 대상 강연과 영어교재 개발에 힘쓰고 있다. 유아 영어교재 〈Cookie Coo〉 시리즈와 Bricks 영어교재 〈Spotlight on Literacy〉를 기획 자문 및 집필하기도 했다.

저서로는 〈Picture Description〉, 〈Book Reports〉, 〈Journal Writing〉, 〈초등 영어를 결정하는 사이트워드〉, 〈초등 영어를 결정하는 영단어〉, 〈초등 영어를 결정하는 영어표현〉 등이 있다.

## 초등 5, 6학년 영어에서 놓치면 안 되는 것들

**초판 1쇄 인쇄** 2023년 7월 3일
**초판 1쇄 발행** 2023년 7월 13일

**지은이** 김경하
**발행인** 박효상
**편집장** 김현
**기획 · 편집** 장경희, 김효정
**디자인** 임정현
**마케팅** 이태호, 이전희
**관리** 김태옥

**기획 · 편집 진행** 김현

**종이** 월드페이퍼    **인쇄 · 제본** 예림인쇄 · 바인딩

**출판등록** 제10-1835호    **발행처** 사람in    **주소** 04034 서울시 마포구 양화로 11길 14-10 (서교동) 3F
**전화** 02) 338-3555(代)    **팩스** 02) 338-3545    **E-mail** saramin@netsgo.com
**Website** www.saramin.com

책값은 뒤표지에 있습니다.
파본은 바꾸어 드립니다.

ⓒ 김경하 2023

ISBN 979-11-7101-001-1 13370

**우아한 지적만보, 기민한 실사구시 사람in**

초등5, 6학년 영어에서
# 놓치면 안 되는 것들

김경하 지음

지금 잘하는 게
잘하는 게
아닐 수도 있습니다.

사람in
sarami
n.com

# PART 1
## 초등 5·6학년,
## 영어 전환기의 시작

## Chapter 3 부모의 눈을 가리는 아이 영어 실력의 현실

# PART 2
## 전환기가 없는 초등생의 미래 현실도
## & 예방 솔루션

## PART 3
# 아무도 알려 주지 않는 대한민국 영어 교육의 현실과 진실

대한민국 공교육에서 영어는 맥락이 없습니다. 충실하게 초등 영어 교과서를 공부하면 중등에서 따라갈 수 없고, 중등 영어 교과서에 성실하면 고등에서 망하게 되지요. 문제는 그 사실을 상급학교에 진학하기 전에는 알 수가 없다는 겁니다. 알고 난 후에는 이미 늦었다는 게 사실 더 큰 문제고요.

때문에 중심을 잡고 길잡이가 돼 주어야 하는 것은 고스란히 부모의 몫입니다. 학원에 보내고 돈 내주면 됐지 뭘 또 하란 말이냐고 할 수도 있습니다. 다들 영어는 비슷하게 시키는 것 같더라 할 수도 있죠. 하지만 막상 중학교에 가고 고등학교에 가 보면 신기하게도 월등히 준비가 잘 된 친구들이 있습니다. 그 친구들이 기회를 가져가고 넓은 세계로 나아가게 됩니다. 이 책에서는 그 차이를 만드는 것이 과연 무엇인지 알려 드리고자 합니다.

적당히 학원에 보내고 어지간히 영어를 시켰다고 생각하는 다수의 부모님이 초등 5학년 무렵이 되면 불안해지기 시작합니다. 중학교 입학이 슬슬 다가오는데, 과연 내 아이는 준비가 잘 되고 있는 것인지 확인하고 싶어지죠. 극성 부모이고 싶지는 않지만 누구보다 내 아이가 잘하길 바라는 부모의 숨겨진 욕망 때문입니다. 이 책은 그런 보통의 부모님이 1) 아이의 영어를 점검할 수 있는 체크 포인트를 제공하고 2) 그것이 수행되지 않았을 때 상급학교에서 어떤 문제로 이어질 수 있는지 실제 수행평가 문제 및 시험 문제를 통해 알려 주면서 3) 왜 꼭 이 시점에서 영어를 점검해 봐야 하는지 필요성을 설명하고 4) 필요한 솔루션까지 제공하는 것을 목표로 합니다. 또 학교에서는 말해 주지 않는 대한민국의 영어 현실도 구체적인 자료를 이용해 보여 드립니다.

초등 단계를 중점으로 하는 다른 부모님 대상의 책들과 차별화하여 초등 영어 안에서의 고민을 넘어 중등, 고등, 대학 과정까지 확 트인 시야를 제공하고자 합니다. 초등 부모는 접하기 힘든 상급학교의 현실을 현장감 있게 엿볼 수 있도록 함으로써 아이의 영어 학습 방향에 큰 그림을 그리고 그 안에서 단기 목표를 세워 갈 수 있게 돕고자 합니다.

저는 강연에 가면 항상 부모님(주로 엄마)께 대치동에서 사촌이 왔다고 생각하고 궁금한 건 다 물어보라고 합니다. 예전에 비해 영어에 대한 열의가 많이 줄어든 게 안타까워 열심히 듣고 질문하시는 분들께 책을 선물하기도 합니다. 제 자신이 아이 입시를 마치고 대학생 부모가 되어 보니 전문가의 시각에 더해 온 마음으로 하고 싶은 이야기들이 생겼습니다. 그래서 영어에 관심이 많이 줄어든 지금 굳이 용기 내어 원고를 썼습니다.

내비게이션이 있어 좋은 이유는 모르는 길을 알려도 주지만, 길을 잘못 들었을 때 다시 빠져나갈 길을 알려 주기도 하기 때문입니다. 한 번 가 봐서 아는 길이지만 이번엔 덜 막히면서 갈 수 있게 새 길을 제시해 주기도 하지요. 이 책이 부모님께 그런 내비게이션 같은 의미이면 좋겠습니다. 옆에 두고 선택과 고민의 순간에 들춰 보고 방향을 찾을 수 있는 그런 책이 되기를 바랍니다.

책 내용에 등장하는 아이들의 사례는 그동안 제가 칼럼이나 강연, 방송을 하면서 접했던 상담 사례나 직접 아이들을 가르치면서 관찰한 것, 또 제 아이를 키우면서 경험한 내용들을 정리한 것으로 이름은 모두 가명인 점을 밝힙니다. 우리 아이들에게 영어가 짐이 아니라 즐거움을 주는 도구가 되기를 늘 희망합니다.

# PART 1

## 초등 5·6학년,
## 영어 전환기의 시작

# CHAPTER 1

## 가장 보통의
## 영어 교육 현실

초등 3학년
공교육 첫 영어 수업에
모두 다른 출발선

드디어 학교에서 하는 공식 첫 영어 수업입니다. '나는 영어를 못하는데 어떡하지?' 하는 아이부터 '나의 영어 실력을 보여 주겠어!' 하는 아이까지 모두들 약간의 긴장감을 가지고 수업을 시작할 겁니다.

첫 수업에서 'Hello, I'm Jane.(안녕, 난 제인이야.)' 하는 활동을 하면서 아이들은 어떤 생각을 할까요? 읽고 쓰는 활동보다 영상이나 게임을 통한 수업이 이루어지기 때문에 대부분 재미있다고 느낄 겁니다. 생각보다 교과서와 시청각 자료는 매우 훌륭하고 따로 추가 자료를 준비하는 선생님도 계시니까요. 그렇게 너도나도 왁자지껄 재미있어 보이는 초3 교실이지만 수업이 회차를 더해 가면서 상황은 달라집니다.

자신 있게 게임을 주도하는 아이가 생기고 조금씩 목소리가 작아지다가 점점 참여하지 않는 아이도 생겨납니다. 초등 3학년 선생님들은 아이들의 실력 차이가 영어 수업의 가장 큰 문제라고 지적합니다. 알파벳도 잘 못 쓰는 아이부터 영어를 술술 말하는 아이까지 실력의 폭이 너무 커서 수업 진행이 어렵다고도 합니다.

초등 3학년은 일 년 동안 인사하는 법(Hello), 무엇을 좋아한다(I like ~), 무엇을 할 수 있다(I can ~), 무엇을 가지고 있다(I have ~) 표현과 색깔, 숫자, 감정을 표현하는 단어를 배웁니다. 수학이나 사회라면 모르지만 영어는 이렇게 쉬운 내용을 배우는데 도대체 왜 실력 차이가 문제가 될까요? 이 정도라면 영어를 미리 배우지 않아도 수업을 충분히 따라갈 수 있을 텐데요.

핵심은 발음과 자신감입니다. 표현은 두 가지로 나누었지만 결국 한 가지입니다. 영어를 미리 배워 자신이 있는 아이는 자신 있게 발음하고 활동에도 적극적으로 참여하여, 이를 본 다른 친구들은 속으로 '쟤는 영어를 잘하는구나' 하고 생각합니다. 아이들은 새로운 영역을 만날 때 기가 막히게 서열을 정합니다. 겉으로 절대 드러나지는 않지만 '쟤는 나보다 위다, 쟤는 나보다 아래다' 하는 것을 알게 되는 것이죠. 어쩌면 인간의 본성에 가까운 것이니까요. 학기 초에 아이들 사이에서 다툼이 많은 것은 결국은 서열 정하기 때문입니다. 영어는 아이들의 가장 주요한 사회적 공간인 학교에서 초3에 처음 등장하고, 그래서 초3 영어는 쉽지만 중요합니다.

언어를 사용할 때 생기는 정체성을 언어 자아라고 합니다. 보통 어릴 때 언어를 배우면 좋다고 하는 것은 새로운 언어를 만날 때 이러한 언어 자아가 큰 부담이 되지 않기 때문에 실수를 두려워하지 않고 편하게 배울 수 있기 때문이죠. 하지만 우리 아이들에게 영어는 이미 부담이고 마음속 높은 벽이어서 공식적인 첫 영어 수업에서부터 자신의 자리를 낮게 느껴 버리면 학년 내내 자신감을 잃는 문제가 생깁니다.

잘하는 아이들은 수업이 점점 시시해져서 산만해지고, 자신이 없는 아이들은 주눅이 들어 점점 수업에 관심이 없어지니 영어 시간은 수업이라기보다 시끄러운 활동 시간이 되어 버리고 맙니다.

아이가 준비가 되어 있지 않다고 생각하거나 성향상 자신 있게 말하는 것을 어려워한다면 미리 그날 배울 내용을 알고 가게 해 주시는 것이 좋습니다. 교과서에 어떤 문장이 나오고 어떤 단어가 나오는지 미리 큰소리로 읽어 보고 뜻을 안 다음 가게 하면 훨씬 자신감을 갖고 수업에 참여할 수 있을 겁니다. 그날 어떤 활동을 했는지 아이와 이야기해 보는 것도 좋습니다. 단순히 아이가 무엇을 했는지 알기 위해서라기보다, 부모님에게 이야기해 주기 위해 수업 내용을 기억해 오는 훈련이 되기 때문입니다. 영어는 다른 과목과 달라 흥미와 자신감을 잃으면 스스로 높은 벽을 쌓게 되고 한번 쌓인 벽은 다시 허물기가 매우 힘이 듭니다. 쉽지만 초등 3학년 영어를 무시할 수 없는 이유입니다.

# 초등 4학년
# 학원 레벨은 부모의 자존심

초등 1, 2, 3학년 아이들의 영어 실력은 언제 영어를 시작했는지에 따라 천차만별입니다. 4학년이 되면 상황이 조금 달라지죠. 이미 학교에서 일 년 동안 영어 수업을 했고 그동안 어떻게든 영어를 공부했기 때문에 이제는 언제 영어를 시작했느냐에 더해 어떻게 얼마큼 했느냐에 따라 실력이 눈에 띄게 달라집니다. 일 년 동안 아이들은 학원에 다니거나 엄마표를 하거나 학습지, 전화 영어 등 다양하게 영어를 배웠을 겁니다. 그래서 4학년이 되면 우리 아이가 영어를 잘 배우고 있는 걸까 문득 궁금해집니다. 학습 시간은 충분한지, 공부법은 맞는지, 다른 아이들에 비해 괜찮게 하는 건지 여러 의문이 들죠. 이때 부모들을 괴롭히는 게 바로 학원 레벨 또는 에이알AR이나 렉사일Lexile 같은 리딩 지수입니다.

부모님이 아이들 레벨을 궁금해하는 건 당연합니다. 영어는 학교에서 시험을 치지 않고 국어처럼 받아쓰기를 하거나 수학처럼 답이 딱 떨어지도록 문제를 풀 수 없으니, 읽고 쓰고 말하고 듣는 것의 점수를 도무지 가늠해 볼 수가 없으니까요. 잘하고 있는 것 같다가도 어느 순간 불안해지는 게 자연스러운 부모 마음입니다. 문제는 주변 아이들과 레벨을 비교하기 시작하면서 고통이 시작된다는 것입니다.

같이 시작했는데 먼저 레벨업하는 친구가 있으면 아이의 자존감이 낮아진다는 핑계로 잘하고 있는 수업을 버리고 다른 학원으로 옮기기도 하고, 기껏 올려 놓은 대형 학원의 레벨을 다시 따기 어려울까 두려워 아이 성향에 맞지 않는 수업 방식을 지속시키기도 합니다. 어떻게 하면 리딩 지수를 올릴 수 있는지 검색하고 요령을 찾기도 합니다. 주변에서 영어 공부 잘 시킨다는 평을 듣는 부모일수록 레벨에 매여 중요한 순간에 아쉬운 선택을 하게 되는 경우가 많습니다. 실제로 입반 테스트에서 원하는 레벨이 나오지 않으면 그 학원을 등록하지 않는 경우도 있습니다. 어쨌든 학원 이름과 레벨이 부모님에게는 확인 도장 같은 것이니까요. 불안한 마음도 줄여 주고 살짝 우월감도 들게 하는 묘한 달콤함을 주기도 하고, '지금까지 뭘 한 걸까' 하는 자괴감을 주기도 합니다.

4학년 준기는 조금 늦게 영어 학원에 다니기 시작했습니다. 친한 친구 두 명과 함께 다닐 수 있어 용기를 냈죠. 몇 달 후 준기 엄마는 학원 원장에게 전화를 받았습니다. 그 학원은 수업을 마치고 데일리 테스트를 통과해야 집에 갈 수 있었는데, 늘 준기 혼자 먼저 패스하고 한참을 친구들을 기다리고 있다는 것이었죠. 문 앞에 딱 붙어서 친구들을 기다리는 모습이 반복되니 보기가 안 좋더라는 것이었습니다. 한 레벨을 올리면 좋은데 마침 다음 레벨엔 자리가 없어서 하나 더 높여야 하지만, 자기가 보기에 준기는 해낼 수 있을 거다 하는 제안이었습니다. 가뜩이나 늦게 시작한 것이 마음에 내내 걸렸던 준기 엄마는 원장의 제안을 받아들였습니다. 하지만 갑자기 어려워진 수업 내용에 친구들과도 떨어진 준기는 매일 울고불고 나만 왜 다른 반에 가야 하냐며 속상해했습니다.

　여기까지 들어보면 이야기는 원장과 엄마의 욕심이 빚은 대참사입니다. 하지만 준기는 힘들게 고비를 넘겼고 훗날 영어 특기자가 되었습니다. 그게 그때 어른들의 선택 때문이었는지는 알 수 없지만 어떤 전환점이 되었을 것이라는 건 짐작할 수 있습니다. 물론 이야기는 여러 가지로 달라질 수 있었습니다. 계속 쉬운 레벨에 머물다 영어에 흥미를 잃었다, 무리하게 반을 옮겼다 따라가지 못해 영어를 포기했다, 친구들과 즐겁게 다니며 천천히 실력이 늘어갔다 등 경우의 수는 다양합니다. 아이의 성향에 따라서도 주변 친구나 선생님 또는 학습법에 따라서도 결과는 달라질 수 있기 때문에 선택은 늘 어렵습니다.

기본적으로 학원 레벨이란 비슷한 아이들을 모아 효율적으로 수업하기 위한 것이고, 리딩 지수 또한 아이의 읽기 수준에 맞는 폭넓은 책을 추천해 주기 위해 만든 것일 뿐입니다. 선택의 순간이 왔을 때 이러한 본질을 잊지 마시고, 어떠한 경우에도 이런 수치들 때문에 아이를 나무라거나 좌절하지 않으셨으면 합니다. 길고 긴 영어의 길에 초등 4학년 영어 레벨은 정말 아무것도 아니니까요. 선택의 순간에 부모의 마음은 외줄타기를 하는 것 같지만 막상 떨어져서 보면 줄은 발목 높이에 불과합니다. 좁은 줄 위가 아니라 넓고 단단한 길을 걸으셔도 좋습니다.

# 초등 5학년
# 누가누가 잘 외우나
# 단어 외우기 전쟁

초등 5학년은 모든 과목에서 중요한 시기입니다. 수학에서는 중고등학습의 성패를 가를 주요 개념들이 나오고, 한국사도 처음 등장하면서 어려운 용어를 마구 쏟아내니 본격적인 '공부'가 시작되는 느낌입니다. 하지만 초등 5학년 영어는 여전히 쉬운 편입니다. 초등 영어는 의사소통을 목표로 대화식으로 설계되어서 Where are you from?(넌 어디에서 왔어?) What do you do on weekends?(주말에는 뭐 해?) 같은 질문과 그에 대한 답 정도가 나옵니다. 5학년 영어에 미래와 과거형 동사들이 나오면서 난도가 조금 높아지는 정도죠. I will ~을 사용해 미래 계획을 말하거나 I visited ~ 같이 과거형을 써서 지난 방학에 뭘 했는지 말하기도 합니다. 공부가 전혀 안 되어 있는 친구들은 조금 부담스러워질 수도 있는 지점이긴 합니다.

5학년 영어가 부담스러울 수 있는 이유는 미래와 과거 같은 시제의 문제도 있지만 대화가 길어지고 서술과 묘사가 등장하면서 단어 수가 갑자기 느는 데 있습니다. 어쨌든 어디를 가고 무엇을 보았는지 말하려면 다양한 단어를 써야 하고, 친구의 모습을 묘사하려면 '큰, 작은, 예쁜' 등의 형용사가 등장하고, 동네 지도를 보며 안내를 하려면 '학교, 우체국, 병원' 같은 건물 이름들도 다 알아야 하니까요. 물론 대부분의 아이들에게는 학원을 다니거나 엄마표 영어를 통해 이미 익숙한 단어들일 수 있습니다.

　　진짜 문제는 영어 학원 5학년 과정입니다. 학원에서 보는 교재의 지문이 길어지고, 비문학 내용이 등장하면서 단어가 많아지고 어려워집니다. 학원에서는 한 번에 몇십 개씩 단어 시험을 보니 집에서는 부모와 아이의 전쟁이 벌어집니다. 잘 다니던 아이도 수십 개씩 단어를 외우려니 갑자기 학원 가기가 힘들어지고, 설렁설렁 다니던 아이는 딱 그만두고 싶어집니다. 마침 수학도 어려워서 따라가기 힘든데 핑계김에 '영어 좀 쉴까?' 하는 생각이 들기도 합니다.

　　엄마표 영어를 하던 아이들이 학원으로 넘어오는 시기도 5학년입니다. 집에서 계속하자니 아이에게 학습량이 부족하면 어쩌나 불안한 마음이 들어서 이제는 학원에 보내야 하나 생각하는 시기죠. 이렇게 넘어온 아이들에게 암기해야 하는 단어 양은 재앙 수준으로 많게 느껴집니다. 덕분에 그동안 잘못한 것은 아닐까 부모는 자책감이 들기도 합니다.

5학년 시기에 외워야 할 단어 양이 느는 것은 언어 발달 과정상 자연스러운 상황입니다. 갑자기 아이들을 애먹이거나 부모를 겁주려는 게 아닙니다. 다만 이 고비를 잘 넘기는 것이 중요한데, 단어 전쟁에서 승리하는 팁을 알려 드립니다.

첫 번째, 단어는 반드시 문장과 함께 외웁니다. 'apple은 사과' 하는 식으로 외운 단어는 절대 머리에 남지 않습니다. 반드시 문장 안에서 어떻게 쓰이나 확인하고 최대한 문장과 함께 외우는 것이 좋습니다. 단어 수가 많아 전부 그렇게 하기 힘들다면 아이와 정해서 최소한 일부만이라도 문장으로 외우게 해 주세요.

두 번째, 단어는 반복해서 외웁니다. 오늘의 단어를 외우기 전에 어제 외운 단어를 간단히 체크합니다. 단어책은 한 번 보고 다른 책으로 바꾸기보다 최소한 두 번은 반복해서 보는 것이 좋습니다. 그 사이 다른 경로를 통해 알게 된 단어들이 늘면서 아이들은 성취감을 맛볼 수 있고 단어도 훨씬 더 많이 저장할 수 있게 됩니다.

세 번째, 단어장이나 플래시카드, 칠판 등을 이용해 오며 가며 단어들을 자주 보게 합니다. 시각적으로 오래 남게 하는 효과도 있지만, 재미를 줄 수도 있습니다. 화이트보드용 마커로 유리나 거울에 단어를 쓰게 해 보는 것도 좋습니다. 아이 방문에 칠판 스티커를 붙여 주거나 벽에 종이를 붙여 주어도 좋습니다.

폭발적으로 단어 양이 늘어난 만큼 아이가 힘들어하는 것을 이해해 주고 고비를 잘 넘어갈 수 있게 해 주어야 합니다. 이 고비를 잘 넘겨야 다음 단계에 안전하게 착륙할 수 있습니다.

## 04

# 초등 6학년
# 이제 본격 문법 공부의 세계로

강연에서 가장 많이 받는 질문 중 하나가 언제쯤 문법을 한 바퀴 돌리면 좋냐는 것입니다. 그러면 저는 대답합니다. "미국 아이들도 해마다 문법을 배우는데 우리나라 아이들이 한 바퀴를 돌리다니요?" 물론 질문의 뜻은 이해합니다. 중학교 입학을 앞두고 내신 대비를 위해 언제쯤 문법 공부를 시작하면 좋냐는 질문이지요.

중학교 입학 전에 우리나라식 문법 공부를 경험하는 건 필요합니다. 엄밀히 말해 영어를 잘하는 데 필요하다기보다, 학교 수업을 따라가고 중학 과정에 연착륙하기 위해서라면 문법 한 바퀴는 필요합니다. 말도 안 되게 어렵고 추상적인 문법 용어들이 아이들을 기다리고 있기 때문입니다. '부정사'니 '지각동사'니 '사역동사'니 '가정법'이니 하는 용어들이 아직도 문법책에 있고 어쨌든 배우게 되어 있으니까요. to부정사가 나오는 순간 아이들에게 영어가 재미없어지는 것도 어쩌면 당연합니다.

미국 초등학교 1학년 아이들에게 문법은 찾기 놀이입니다. 예를 들어, 동사는 action word(동작어)라고 소개합니다. 그리고 여러 단어들 중에 이 action word 찾는 활동을 하지요. 명사는 people(사람), place(장소), thing(물건)이라고 가르칩니다. 역시 단어 중에서 명사를 찾는 활동을 게임처럼 하면서 문법, 어법을 처음 만납니다. 동사나 명사가 어렵고 무서울 이유가 전혀 없습니다. 이렇게 학년이 올라가면서 조금씩 개념을 확장하고 구체화해 가고, 무엇보다 테스트를 위한 것이 아닌 문장을 바르게 쓰기 위한 목적으로 가르치니 더욱 그렇습니다. 우리 아이들이 문법에 가지고 있는 느낌과는 사뭇 다를 것입니다.

민철이는 영어 유치원을 나와 초등 내내 어학원에서 미국 교과서로 수업하고 문법도 미국식으로 배웠지요. 중학교에 가면서 동네에서 내신을 잘 봐준다는 학원에 다니기 시작했습니다. 학원 선생님은 민철이 때문에 걱정이 이만저만이 아니었습니다. 직독직해도 못하고 문법도 안 되어 있어서 수업을 못 따라온다는 것이었습니다. 선생님은 일찍 준비시키지 않은 엄마를 나무라듯 말했지만, 지필시험에서 아이는 100점을 맞았습니다. 문법 용어는 몰라도 읽어 보면 잘못된 문장인지 알았으니까요. 아이는 다시 어학원식 수업을 하는 학원으로 옮겼고 토플을 준비하는 과정에서 문법을 배웠습니다.

영어를 잘하는 데 문법은 꼭 필요합니다. 마침표, 쉼표를 제대로 찍고 대문자를 써야 할 곳을 제대로 아는 것도 문법이니까요. 말과 글을 제대로 쓰기 위해 그 규칙을 알아야 하는 건 당연합니다. 하지만 내신 시험을 위해 한 번에 몰아서 문법을 배우는 것은 영어를 싫어하게 만드는 지름길입니다. 일찍부터 자연스럽게 문법 개념을 접하게 하는 것이 최선의 선택이고, 그렇게 못했다면 최대한 문법을 쉽게 가르치는 곳을 찾으시길 권합니다. 한 권으로 끝내는 문법보다는 최대한 여러 단계로 나누어진 문법 교재를 아이의 영어 성장에 맞춰 일상적으로 조금씩 할 수 있게 해 주세요. 학습 관련 카페에서 문법 하면 이 책이라며 대다수의 부모님이 추천해 주는 유명한 문법책이 내 아이에게 항상 최선은 아닐 수 있습니다.

### 초3

발음과 자신감이 핵심이다. (아이가 준비되어 있다고 느끼지 않는다면) 교과서에 어떤 문장이 나오고 어떤 단어가 나오는지 미리 큰소리로 읽어 보고 뜻을 안 다음 수업에 임하게 한다.

### 초4

아이들의 학원 레벨, 리딩 지수의 수치에 일희일비하지 않는다. 길고 긴 영어의 길에 초등 4학년 영어 레벨은 아무것도 아니다.

### 초5

영어 학원 공부가 어려워지고 단어 암기 전쟁을 치르는 시기. 문장과 함께 외우기, 반복해서 외우기, 단어장이나 플래시카드 등으로 오며 가며 단어 많이 보게 해 주기로 단어 암기의 고비를 넘긴다.

### 초6

문법 공부를 시작하는 건 현 교과 과정상 맞지만 문법을 한 번에 끝낸다고 생각하지 않는다. 아이 성향에 맞게 여러 권으로 나누어진 문법책으로 매일 조금씩 습관이 되게 공부시킨다.

# 부모는 절대 모르는 '영포자' 생성 과정

부모님은 영어가 어려워서 아이들이 못 따라가고 그래서 포기한다고 생각하지만, 유치원생이든 고등학생이든 아이들이 영어를 포기하는 이유는 같습니다. '안 될 것 같다고 느낄 때' 아이들은 손을 놓습니다. 시작도 하기 전에 그런 느낌을 갖는 경우도 있고, 한다고 애를 써 봤지만 안 될 것 같아서 포기하기도 합니다.

여기서는 초등학생을 중심으로 얘기해 보겠습니다. 외국어 학습은 동기가 제일 중요하다고 합니다. 배워야 할 필요가 있을 때 배워야 가장 열심히 할 수 있다는 것이죠. 하지만 아이들의 경우는 영어 자체를 사용하는 데 필요를 느껴서 시작하지 않습니다. 그냥 부모님이 시켜서 하기도 하고 친구들이 학원에 가니까 따라가면서 시작하기도 합니다. 그러나 시작에는 동기가 들어가지 않지만 학습을 유지하는 데는 동기가 중요합니다. 이러한 학습 동기에는 먼저 외부에서 오는 동기가 있습니다. 부모님이나 선생님께 칭찬을 받는 것입니다. 영어 노래를 부르고 파닉스 책을 술술 읽으면 엄마 아빠가 기뻐하고 그러면 기분이 좋습니다. 선생님한테 칭찬 스티커를 받는 것도 좋죠. 나이가 어릴수록 이 외부적인 동기는 강력합니다. 하지만 오래가지는 못합니다. 초등 2학년만 돼도 아이들은 더 이상 부모님을 위해 영어 단어를 외우지 않으니까요. 또 다른 동기는 내부적인 동기입니다. 자신이 영어 학습 자체에서 즐거움을 느끼는 것이죠. 한마디로 '성취감'이라고 해야 할까요? 어제 배운 것이 오늘 책에 나오면 아이는 즐거움을 느낍니다. 책 속에 아는 단어들이 있고, 어렵게 외운 단어들이 들리면 공부에 재미를 느끼게 됩니다. 아이들이 성장하면서 외부적인 동기가 내부적인 동기로 성공적으로 잘 옮겨가면 소위 말하는 '공부 잘하는 아이'가 되는 겁니다.

이를 반대로 생각해 보면 영어를 안 하려고 하는 이유를 알 수 있습니다. 재미가 없는 것이죠. 단어를 열심히 외워 봐야 책은 계속 못 읽겠고, 책을 계속 읽는데 하고 싶은 말을 쓸 수 없다면 학습의 재미가 없어집니다. 하지만 학습에 흥미를 잃는다고 해서 영어를 바로 포기하게 되지는 않습니다. '나 영어 안 해!'라는 극단적인 상황은 이것과는 조금 다릅니다.

준하는 내성적인 아이입니다. 남 앞에서 실수하는 것을 싫어하고 새로운 것을 시작할 땐 항상 충분히 관찰합니다. 유치원 때 엄마 친구 딸이랑 뮤지컬 영어 수업을 들었습니다. 아이는 수업 내내 한쪽 구석에 가만히 서 있었습니다. 무슨 뜻인지도 모르고 영어로 노래하는 것도, 선생님을 따라 춤을 추는 것도 하고 싶지 않았습니다. 엄마는 그 상황을 잘 몰랐고 선생님은 "애들이 처음엔 많이들 그래요"라고 해서 더 가 보기로 합니다. 준하는 착한 아이라 엄마가 가자는 대로 계속 수업에 갔죠. 몇 달 후 영어 학원에 다니자고 했을 때 준하는 자기는 영어가 너무 싫다고 했습니다. 하지만 준하가 싫어한 건 영어가 아닙니다. 단지 춤추고 노래하는 방식이 자기 성향과 맞지 않았을 뿐이죠. 준하 앞에 영어는 안 될 것 같다는 벽을 쌓은 건 아이의 성향을 고려하지 않은 선택입니다.

활동적으로 몸으로 익혀야 하는 아이에게 가만히 앉아 오디오북을 들어야 하는 학원은 고역입니다. 사람들 앞에서 이야기하고 뽐내는 것을 좋아하는 아이에게 혼자서 하는 학습지는 재미가 없지요. 친구들보다 월등하게 잘하고 싶은 승부욕이 강한 아이에게 나이 구분 없이 형 누나도 함께 듣는 수업은 시작부터 매력이 없습니다. 미술 학원, 피아노 학원, 방과후 일정을 짜다 보면 아이 성향에 따라 학습법을 선택해 주기 힘들 때도 있습니다. 아이가 별 말없이 다니면 그걸로 만족하는 부모님도 계시지요. 하지만 몇 년 후 초등 4, 5학년에 영어를 안 하겠다고 버티는 아이들을 만나 보면 의외로 그 시작은 생각지도 못한 작은 좌절감에서 출발한 경우가 많습니다. 이런 불필요한 좌절감을 여러 번 경험하면 쉽사리 '안 될 것 같다'는 느낌을 가지게 됩니다. 어른들은 자기가 체험해 보고 좋은지 나쁜지를 선택할 수 있지만 아이들은 왜 자꾸 좌절감이 드는지 알지 못한 채 시간을 보내게 되고, 이렇게 영어가 싫어지면 초등 6학년이나 중학교에 들어가 공부량이 확 늘어날 때 영어를 가장 먼저 포기하게 됩니다.

# CHAPTER 2

초등 5·6학년
부모님이 알아야 할
영어 공부의 진실

# 중1에 만들어져
# 수능까지 가는 영어 자존감

초등을 마치고 중등 입학을 앞둔 겨울 방학은 설렘과 긴장이 공존합니다. 교복을 입혀 보면 어쩐지 아이가 어른스러워 보여 울컥한 마음이 들기도 하죠. 안에는 여전히 알록달록한 내복을 입은 아이인데도 말이죠. 학습면에서도 마찬가지입니다. 중학교 교과서는 꽤 어렵고 수준 높아 보이지만 아이의 상태는 아직 초등에 머물러 있으니까요.

요즘은 중학교 1학년에 대부분 자유학년제를 실시하고 있어 지필평가는 거의 없지만 과정중심평가인 수행평가를 실시하기도 하고, 전국 단위 듣기평가나 각종 대회 등 아이들의 실력을 가늠할 수 있는 기회가 끊임없이 찾아옵니다. 초등학교와는 분위기가 사뭇 다르죠. 인근의 여러 학교에서 아이들이 모인 탓에 자기 자리가 어디

쯤인지 보이지 않는 서열을 정하느라 아이들은 꽤 피곤한 학기 초를 보냅니다. 남자아이들은 몸은 커지고 정신은 그대로라 부쩍 사건 사고를 일으키기도 합니다. 그 안에서 '공부 잘하는 아이', '센 아이', '인기 많은 아이', '영락없이 반장인 아이' 등 암묵적인 라벨링이 이루어집니다. 이때 '영어 잘하는 아이'라는 평가를 받으면 참 좋습니다.

## ◇ '영어 잘하는 아이' 이 평가의 중요성

다른 과목은 그렇지 않은데 왜 유독 영어는 '영어 잘하는 아이'라는 평가가 의미 있을까요? 사회, 과학, 한국사 등 다른 과목들은 시험 기간에만 열심히 해도 좋은 성적을 받을 수 있습니다. 수학도 정신 바짝 차리고 서너 달 열심히 하면 성적을 올릴 수 있죠. 하지만 영어는 서너 달 바짝 열심히 한다고 잘 들리지도, 잘 써지지도, 잘 읽히지도 않습니다. 그보다 더 긴 시간이 필요합니다. 성적을 올리려면 다른 과목보다 훨씬 강한 인내심이 필요하고, 그 성공률 또한 높지 않습니다. 그래서 영어는 자신에 대한 믿음, '나는 해낼 수 있다'라는 긍정적인 마음, 즉 자존감이 중요합니다. 이때 '쟤는 영어 잘하는 아이'라는 주변의 평가는 상당히 큰 힘이 됩니다. 중고등학교 영어는 중1, 고1에 자존감이 높게 형성되면 속된 표현으로 '게임 끝'입니다.

그럼 중학교 생활 동안 높은 영어 자존감을 형성하려면 어떻게 해야 할까요? 당연한 얘기지만 초등 때 영어에 시간과 노력 투자가 충분히 이루어져야 합니다. 영어는 몇 달 열심히 한다고 잘할 수 없기 때문에 미리미리 준비해야 한다고 강조하는 것입니다. 중등에서는 중등 영어를 준비할 수 없고, 고등에서는 고등 영어를 준비할 수 없습니다. 중등 영어는 초등에 준비하고, 고등 영어는 중등에 준비해야 중등에서 중등 영어 공부를 따라갈 수 있고, 고등에서 고등 영어를 앞서갈 수 있습니다.

초등에서 중등으로만 올라가도 할 게 많고 분주하지만 아이들이 고등학교에 진학하면 해야 할 일들은 상상을 초월할 정도입니다. 해야 할 공부량도 폭발적으로 늘죠. 특히 수학이나 국어는 붙잡고 매달리지 않으면 따라갈 수가 없습니다. 이런 상황에서 영어에 자신이 없고 영어 성적을 올려야 하는 상황이 오면 아이들은 어떻게 할까요? 영어 모의고사는 6개월 열심히 한다고 바로 성적이 오르지도 않고 6개월 안 한다고 성적이 확 떨어지지도 않습니다. 시간과 공만 많이 들어가고 눈에 띄는 결과가 무척 더디게 나타납니다. 그래서 많은 아이들이 고등에 가면 영어를 미루게 되고 결과적으로 포기로 이어집니다. 심지어 잘하는 아이들조차 당장 성적이 떨어지지 않으니 영어를 미루다 6개월, 1년 후 '아차' 하게 되는 경우가 많습니다.

영어를 다시 끌어올려야 할 때 정말 중요한 것이 바로 영어 자존감입니다. '나는 영어 공부를 해 봤고, 잘해 봤어. 영어는 원래 시간이 걸리고 금방 되지 않아. 알고 있어. 하지만 열심히 하면 할 수 있어.'라는 생각은 초등에서 만들어지고 중등에서 자리 잡힙니다. 고등에 올라갈 때 아이들 표현으로 '갑툭튀(갑자기 툭 튀어나와서 잘하는 아이)'가 가장 없는 과목이 영어입니다.

중학교 때 영어 자존감이 형성되려면 초등에서는 어떤 점에서 노력하고 어느만큼의 시간을 투자해야 할까요? 중학교에서 아이들은 내신 시험에서 영어 성적이 높은 아이에게 '영어 잘하는 아이'라고 하지 않습니다. 듣기평가가 끝나고 다가가서 "몇 번 답은 뭐야?"라고 물어볼 수 있는 아이, 영어 말하기 대회에서 상을 받는 아이, 수행평가 때 영어로 발표를 잘하는 아이에게 영어 잘하는 아이라는 라벨을 붙여 줍니다. 아이 스스로도 어느 때는 70점 맞고 어느 때는 90점 맞는 내신 점수로 '나는 영어를 못해' 또는 '나는 영어를 잘해'라고 생각하지 않습니다.

그렇다면 어떻게 영어 공부를 해야 할지도 답이 나왔습니다. 중학교에 올라간다고 초등 5·6학년부터 내신 위주의 학원에서 독해와 문법만 열심히 하는 것은 결코 영어를 잘하는 방법이 될 수 없습니다. 저마다 상황이 다르니 하루 몇 시간 일주일에 몇 번이라고 정해서 말하기는 어렵습니다. 하지만 초등 저학년에는 매일, 초등 고학년에는 최소 일주일에 두세 번은 영어를 해야 합니다. 학원 가는 횟수를 말하는 것이 아닙니다. 학원이나 학습지는 기본으로 하고, 영어로 된 책을 읽거나 만화나 유튜브 등 영상을 보거나 단어를 외우거나 하는 모든 활동을 포함해 영어는 꾸준히 해 주어야 합니다. 물론 이 기준은 모두에게 권하는 것은 아닙니다. '영어 잘하는 아이'가 되고 싶은 아이를 위해 알려 드리는 것입니다.

## 02

# 비슷하게 하는 것 같아도
# 월등히 잘하는 아이들의 비밀

초등학교에서 배우는 영어는 말하기 활동 위주이고 내용 역시 기본적인 의사소통을 목표로 짜인 것이라 매우 쉽습니다. 그래서 꾸준히 하거나 따로 집중적으로 공부시키려고 마음먹어도 그 마음을 유지하기가 쉽지 않지요. 그래서 적당히 친구들과 같이 학원 다니고 학습지나 전화 영어를 하거나 엄마표로 워크북을 풀면서 그래도 남들 하는 만큼은 시키고 있다고 생각하는 경우가 많습니다. 주변을 둘러봐도 딱히 더 많이 하는 아이는 없는 것 같고 맘카페에 등장하는 어마어마한 아이들 이야기는 너무 극성 같아서 '애를 아주 잡는구면' 하며 마음속으로 혀를 찹니다. 가끔 살짝살짝 불안하기도 하지만 그래도 나는 '적당히' 시키고 있고 우리 애는 '어지간히' 따라가고 있는 것 같습니다.

그런데 중학교에 가면 참 이상한 일이 벌어집니다. 분명히 다 비슷하게 한 것 같은데 월등히 잘하는 아이들이 눈에 띄기 시작합니다. 고등학교에 가면 더 기이한 일이 생기죠. 고1 모의고사에서 1등급을 받은 수많은 아이들이 고3에 올라가면서 우수수 떨어지고, 고3이 되면 89점의 늪에 빠져 버립니다. 90점 이상이 1등급이니 이 1점 차이는 정말 가슴이 아픕니다. 하지만 시험이 어려워도 쉬워도 흔들리지 않고 좋은 성적을 유지하는 아이들, 수행평가를 부담 없이 해내는 아이들이 눈에 보입니다. 분명히 비슷하게 시킨 것 같은데 이런 차이는 왜 생기는 것일까요?

◇ **언어의 4대 영역 유지 여부**

공부의 결과에는 수많은 변수가 존재하겠지만 영어에서 가장 중요하게 짚어야 할 것은 언어의 4대 영역인 듣기, 읽기, 쓰기, 말하기를 어느 한곳에 치우침없이 해 왔느냐입니다. 초등 6학년에 올라가면서 내신 위주 학원으로 갈아타고 독해와 문법만 주야장천 했다거나, 학원 숙제 외에는 영어 듣기에 노출이 전혀 없었다거나, 초등 저학년 이후로 작문이나 말하기 수업은 해 본 적이 없다거나 하면 당장은 아무 문제가 없는 것 같지만 결과적으로는 문제가 될 수 있습니다.

언어는 정말 신기합니다. 많이 들어야 잘 말하는 것은 맞지만, 말하지 않으면 어느 지점부터는 잘 들리지도 않게 됩니다. 잘 읽어야 잘 쓸 수 있다는 것은 맞지만, 반대로 많이 써 봐야 읽기 실력도 향상됩니다. 하지만 많은 부모님들이 뒤의 부분 내용에는 동의하지 못 하시더군요. 저는 강연에서 이 부분을 강조하기 위해 와인을 담는 오크통 사진을 보여 드립니다. 세로로 된 나무살 중 어느 하나가 빠지면 술이 줄줄 새는 것처럼 언어도 4대 영역 중 어느 하나가 부족하면 반드시 그리로 실력이 줄줄 새어 나가게 됩니다. 초등 고학년과 중등 시절에 이 부분이 단단히 준비되지 않으면 작은 턱에도 아이들은 휘청거립니다. 반대로 더디지만 4대 영역을 충실하게 해 온 아이들은 고등학교에 가서 이미 만들어진 틀 위에 어휘를 늘리고 지문 읽는 훈련으로 시간을 절약하면서 수월하게 시험 대비를 합니다. 초등 5·6학년만 돼도 문제 풀고 단어 외우기 바쁜데 작문 숙제 붙잡고 시간을 보내는 아이가 얼마나 답답한지, 이제 말하기는 필요도 없을 것 같은데 따로 시간을 내야 하나 고민스러운지 잘 압니다. 하지만 중등 내신이 아이들 영어의 끝이 아닙니다. 고등, 대입을 넘어 그 이후까지 생각한다면 단단하게 토대를 다지는 것은 초등 5·6학년, 영어 전환기에 반드시 이루어져야 합니다.

◇ **딴짓을 해 본 경험 유무**

비슷하게 한 것 같아도 나중에 월등히 잘하는 아이들의 또 한 가지 특징은 영어로 딴짓을 해 봤다는 점입니다. 숙제와 '할 일'로만 영어를 접한 것이 아니라 스스로 영어를 도구 삼아 즐기는 시간을 가진 것이죠. 〈해리포터〉 책을 읽고 영어 표현이 궁금해 원작 소설 읽기를 시도해 봤다든가, BTS의 영어 노래를 외워서 불러 봤다든 가, 흥미로운 주제라면 영어로 된 유튜브 영상도 가리지 않고 본다 든가 하는 시도와 경험들이 영어를 목적이 아닌 수단으로 느끼게 하 고, 영어에 대해 즐거운 기억을 갖게 합니다. 자기들이 좋아하는 분 야의 책이나 영상이라면 영어로 되어 있어도 아이들은 부담 없이 다 가갑니다. 부모님 눈에 그것이 시간 낭비로 보이더라도 믿고 기다리 고, 함께 즐겨 줄 수 있는 여유가 꼭 필요합니다. 영어를 숙제로만 접 한 아이들은 영어를 즐기는 아이들을 절대 이길 수 없습니다.

# 아이큐 160도 어쩔 수 없는
# 일만 시간의 법칙

유아기 영어에 관한 질문 중 가장 많은 것이 '언제, 어떻게 시작해요?'라면 초등 시기 영어에 관한 질문은 '얼마나, 어떻게 해요?'가 가장 큰 축입니다. 공부는 '양'에 대한 기준치를 잘 만드는 것이 결국은 성공과 실패를 가른다고 봐도 과언이 아닙니다. 부모님들이 공부 잘하는 아이들 틈에 굳이 내 아이를 넣고 싶은 것도 그 이유겠죠. 대치동이나 목동 같은 학군지가 가지는 힘도 결국엔 이 공부의 양에 대한 기준치가 다른 것에 있으니까요.

## ◇ 영어 공부량의 기준 세우기

영어는 특히 이 '양'에 대한 기준이 잘 만들어지는 것이 중요합니다. 우리 아이들은 영어를 외국어로 배우기 때문에 모국어나 제2언어로 배우는 영어권 국가 아이들과는 사정이 다르니까요. 일상의 자연스러운 상황에서 영어를 사용할 수 없으니 동기가 잘 유지되는 것도 힘들지만 가장 어려운 점은 영어에 노출되는 양이 적다는데 있습니다. 더욱이 학년이 올라갈수록 자연스러운 노출보다는 '공부'로서의 영어 비중이 커지니 양 조절에 신경 써야 합니다. 노출과 학습은 조금 의미가 다르지만 여기에서는 '영어'라는 큰 개념으로 말씀드리겠습니다.

일만 시간의 법칙이라고 들어 보셨을 겁니다. 〈아웃라이어〉라는 베스트셀러에 인용되면서 유명해진 이론으로, 어떤 분야에서 성공을 거두려면 일만 시간의 노력이 필요하다는 주장입니다. 하루 3시간씩이면 10년, 하루 10시간씩이면 3년이 일만 시간입니다. 천재인 것 같은 사람들의 성공 뒤에 알고 보면 이렇게 꾸준한 노력이 있었다는 것이죠. 전 이 '시간'의 힘에 대해 말하고 싶습니다.

공부도 확실히 재능이고 재능이 뛰어난 아이는 분명히 있습니다. 특히 수학이나 과학 같은 경우, 늦게 시작했지만 빨리 따라잡는 아이도 있고, 기본 예제만 풀고도 심화 문제를 풀어내는 아이가 있습니다. 하지만 영어는 제 아무리 아이큐가 높고 천재적인 머리를 가졌어도 안 듣고 안 읽어서는 실력이 늘 수가 없습니다. 절대적인 노출과 학습량이 누구에게나 공평하게 필요합니다. 같은 학습량으로도 모국어에서 형성된 언어 능력에 따라 더 잘 말하고 더 잘 쓰는 아이는 있을 수 있지만, 그 역시 충분한 시간 투자 이후에 생각해야 할 부분입니다.

어느 서울대생의 글이라고 인터넷에 떠돌던 글이 있습니다. 고등학교 시절 자기가 전교 1등이었는데 아무리 생각해도 참 이상하더라는 겁니다. 자기가 1등이니 자기보다 공부를 잘하려면 분명 더 오래 해야 할 텐데 밤에 독서실에는 늘 자기가 제일 늦게까지 있었다는 것이죠. '그러니까 네가 1등이었겠지' 하다가도 조금만 생각해 보면 정말 이상한 일이긴 합니다. 양으로 그 아이를 넘어설 수 없으면 결과는 뻔할 테니까요.


◇ **영어 공부 강/약/중강/약의 힘 조절**

우리 아이들에게 시간이 가장 넉넉한 시기는 초등학교 때입니다. 물론 초등 아이들이 제일 바쁠 수도 있습니다. 피아노, 태권도, 미술부터 영재 수업까지 하루에 두어 개씩 소화해야 하는 아이들이 많으니까요. 그래서 시간을 분배하는 데 약간의 팁이 필요합니다. 영어는 그 특성상 강/약/중강/약을 권하고 싶습니다.

### '강'의 시기

학원을 옮기거나 학습법을 바꿀 때, 또는 아이가 마음먹고 잘 해 보고 싶어 할 때 '강'의 시기가 필요합니다. 이때 집중적인 학습 기간이 최소 6개월 정도는 유지되어야 하고 그동안에는 최대한 매일 영어를 접하는 것이 좋습니다. 단, 주의하실 점은 기존 스케줄에 영어만 추가로 시간이 늘어나서는 안 됩니다. 새롭게 다잡은 마음이 좌절하지 않도록 다른 과목의 부담을 확 줄여 주셔서 아이가 영어에 흠뻑 빠지게 해 주시는 것이 좋습니다. 그래서 뭔가 영어가 편하고 즐겁다는 느낌이 들어야 합니다.

### '약'의 시기

그렇게 내내 유지할 수 있으면 좋겠지만, 수학이나 국어에도 시간을 배분해야 하니 현실적으로 불가능하겠지요. 예를 들어 수학을 달릴 때는 영어는 '약' 정도로 유지하며 꾸준히 할 수만 있게 해 주시면 됩니다. 학습량의 기준은 아이마다 다르니 '약'이라고 해서 '일주일에 한 번' 또는 '단어 10개' 하는 식으로 양을 규정할 수는 없을 것입니다. 단어 암기나 책 읽기 같은 루틴이 있다면 시간을 줄여 주시고, 집중적으로 공부하던 책이 있다면 그 양도 줄여 주시고, 주 3회 가던 학원이라면 주 1회로 바꾸는 등으로 시간적, 심리적 부담을 덜어주는 것이 포인트입니다.

## '중강'의 시기

　우리말 책 읽는 게 한참 즐거울 때는 상대적으로 이야기 수준이 낮은 영어책이 시시할 수 있습니다. 그럴 때 영어는 '중강'만 유지하면서 국어 실력을 한 단계 높이는 것도 좋습니다. 단 꾸준히 해야 하고, 여기 저기 옮기면서 실력이 성장하는 시기를 놓치는 실수를 해서는 안 됩니다. 실제로 부모가 정보에 밝을수록 이리 저리 학원을 옮긴다거나 좋다는 방법들을 시도했다가 금세 바꾸는 경우가 많습니다. 이렇게 학원 쇼핑을 하게 되면 아이가 내내 beginner(초급)반을 떠돌다 영어에 재미를 붙이지 못하고 마는 안타까운 일도 생깁니다. 한 번도 레벨업의 성취감을 느껴 보지 못한 이 아이들은 결코 영어를 잘하게 될 수가 없습니다. 신중하게 결정하시고 한번 시작하면 최소 6개월은 유지해 주셔야 합니다. 또 하나, 학원 쇼핑이 두세 번 반복되면 아이 스스로도 조금만 힘들어지면 핑계거리로 삼게 됩니다. '선생님이 별로야, 친구들이 별로야, 교재가 별로야' 하면 부모가 옮겨 준다는 것을 경험으로 알게 되니까요. 아이들의 의견은 잘 들어야 하지만 그 표현법은 어른들과 다르기 때문에 주의해서 들어야 합니다.

중1에 영어 잘하는 아이로 평가받는 것이 중요하다. 이때 형성된 자존감이 고등까지 가기 때문이다. 중등에서는 중등 영어를 준비할 수 없고, 고등에서는 고등 영어를 준비할 수 없다. 중등 영어는 초등에 준비하고, 고등 영어는 중등에 준비해야 중등에서 중등 영어 공부를 따라갈 수 있고, 고등에서 고등 영어를 앞서 갈 수 있다. 초등 5·6학년부터 내신 위주 학원에서 독해와 문법만 열심히 하는 것은 결코 영어를 잘하는 방법이 될 수 없다.

비슷하게 하는 것 같은데도 중고등 때 월등히 잘하는 아이의 특징은 두 가지이다. 하나, 시간이 조금 걸리고 더디더라도 언어의 4대 영역을 꾸준히 해 왔다. 둘, 학원 숙제와 단어 암기 외에 영어로 노래 부르기, 관심 있는 책 영어 원서로 읽기, 유튜브 영상 보기 등 '딴짓'을 많이 해 봤다.

영어는 공부량의 정립이 필요한 과목이라서 반드시 열심히 투자하는 시간이 필요하다. 초등 고학년에는 영어 공부를 강/약/중강/약으로 조절해, 영어에 힘을 줄 때는 강으로, 다른 과목에 힘을 줄 때는 약으로, 우리말 책 수준에 비해 영어가 시시할 때는 중강만 유지하면서 국어 실력을 한 단계 높인다.

# 내 아이가 학원 전기세 내주는 아이?

메가스터디의 창립자 손주은 씨는 잘 나가는 일타 강사였고, 그 이전에는 잘 나가는 과외 선생님이었습니다. 그분의 '쓴소리' 동영상은 다소 자극적이지만 공부에 지친 고등학생들에게 약이 되는 것으로 유명하죠. 그분의 과외 선생님 시절 경험담 중에 인상적인 내용이 있습니다. 과외 수업이 많아지니 수업에 가서 '가르치는 집'과 '쉬는 집'이 생기더라는 겁니다. 아무도 우리 집이 '쉬는 집'이 되는 걸 원치 않겠지만, 같은 수업도 받아들이는 아이에 따라 효용이 달라지는 것은 어쩔 수 없는 현실입니다. 그래서 숙제도 안 하고 가방만 들고 왔다 갔다 하는 아이들을 두고 학원에 전기세 내러 간다고 표현하기도 하죠.

학원이나 학교에서 수준별 수업을 해 보면 그 차이가 명확합니다. 상위권 아이들이 모여 있으면 일단 모두 수업에 집중하기 때문에 선생님은 신이 납니다. 같은 지문을 설명해도 더 많은 예를 들고 더 많은 농담을 섞어 즐겁게 할 수 있습니다. 아이들은 더욱 기억에 남는 수업을 얻어갈 수 있겠죠. 도움이 필요한 아이들이 많이 모여 있으면, 일단은 아이들을 앉히고 조용히 시키는 데 선생님의 에너지 절반이 쓰입니다. 농담이나 몸으로 하는 활동은 생각도 할 수 없습니다. 아이들을 웃기거나 일으켜서 움직이게 하면 교실이 아수라장이 되니까요. 결국 아이들은 책만 들여다보고 문제를 푸는 것으로 수업을 하게 됩니다. 수업이 재미있기가 힘들어집니다.

한번은 나무늘보에 대한 수업을 한 적이 있습니다. 집중을 잘하는 아이들과 수업이 먼저 있었고, 우리는 책에 나와 있는 나무늘보가 걷는 속도를 계산해서 느릿느릿 걸으며 수업했습니다. 나무늘보가 걷는 속도는 상상을 초월하게 느려서 그것을 따라 하는 것만으로도 깔깔 웃음이 났습니다. 오랫동안 기억에 남는 수업이 되었을 뿐 아니라 재미도 있고 더 많이 이야기를 나눈 수업이었습니다. 다른 반 아이들에게도 똑같이 시도는 해 보았지만 교실은 금세 통제 불가가 되어 중단할 수밖에 없었지요. 결국 수업 받는 학생의 집중도에 따라 같은 선생님, 같은 내용이라도 달라질 수밖에 없습니다.

### 학원 가서 100% 뽑아오기 비결 1- 선생님과 눈 맞추기

그렇다면 어떻게 해야 내 아이가 학원에 전기세 내 주러 가는 게 아니라 선생님의 100퍼센트를 뽑아오는 아이가 될 수 있을까요? 첫 번째는 선생님과 아이 컨택eye contact, 즉 눈을 맞추는 것입니다. 선생님 눈에 가장 예쁜 아이는 성적이 좋은 아이가 아니라 선생님과 눈을 맞추고 열심히 듣는 아이입니다. 그러면 선생님은 더 신이 나서 수업할 수 있고, 아이가 이해하고 있는지 추가 설명이 필요한지 즉각적으로 알 수 있습니다. 공부 잘하는 모든 아이들이 아이 컨택을 잘하는 것은 아니고, 선생님을 초롱초롱 바라보고 있다고 모두 공부를 잘하는 것은 아닙니다. 하지만 많은 것을 얻어갈 수 있는 확률이 훨씬 높아집니다.

### 학원 가서 100% 뽑아오기 비결 2 - 수업 준비 잘하기

두 번째는 수업 준비를 잘하는 것입니다. 수업 준비란 과제와 예습이 되겠죠. 과제를 해 가지 않으면 아이는 저도 모르게 쭈뼛해지고 자신이 없어집니다. 예습은 내성적이고 소심한 성향의 아이들에게 꼭 처방하는 솔루션입니다. 초등학생이라면 수업 내용을 다 공부해 오는 예습이 아닌 무엇을 배울 것인지, 주요 단어들은 어떤 게 나오는지만 먼저 보고 와도 아이의 자세는 사뭇 달라집니다. 선생님께 도움을 청하거나 교재를 미리 보고 몇 번만 예습을 해 주면 아이가 달라지는 게 보일 겁니다.

### 학원 가서 100% 뽑아오기 비결 3 - 부모님이 관심 보이기

세 번째이자 가장 중요한 것은 부모님의 관심입니다. 부모가 케어 (care: 관심을 가지다)하는 아이, 선생님도 케어한다고 말합니다. 사사건건 참견하는 극성 부모를 말하는 게 아닙니다. 상담할 때 아이가 그동안 어떤 내용을 배웠고 지금 어떤 내용을 배우고 있는지, 아이의 반응은 어떤지 부모가 알고 있으면 상담의 질이 매우 좋아집니다. 그 부모와의 상담을 위해 선생님은 평소에 아이의 학습 상태를 꼼꼼히 관찰하게 되고 좋은 점, 부족한 점을 정확하게 전달해 줍니다. 그러면 부모는 집에서 더 좋은 환경을 만들어 주게 되는 선순환의 고리에 들어가는 거죠. '나는 학원에 돈을 냈으니 너네가 알아서 해야지'라고 생각하는 부모는 학습의 내용적인 부분보다 아이가 전달하는 단편적인 불만사항에 집중합니다. 그러면 선생님은 논란의 여지가 아예 없게 점점 밋밋하고 안전한 수업으로 가게 되고, 가정에서 함께 해 주면 좋은 활동들에 대해서는 조언도 할 수 없게 됩니다. 학원 가는 것에 익숙해진 아이들은 그저 습관적으로 가방을 들고 나서지만, 사실은 그 하루하루의 관심과 준비 차이에서 이미 큰 변화가 일어나고 있습니다.

# CHAPTER 3

부모의 눈을 가리는
아이 영어 실력의 현실

# 두꺼운 스토리북을
# 거침없이 읽는다

스토리북은 이야기책입니다. 곰 세 마리가 숲 속에 놀러 간다든지 아기 돼지들이 못된 늑대에 맞서 집을 지키는 것 등이죠. 자연스럽게 내용에 몰입하며 영어를 익히기 좋아서 보통 영어 학원이나 영어 교육 프로그램에서 기초 단계 교재로 사용합니다. 학원을 계속 다니거나 오디오북 읽기 프로그램을 하고 있다면 시간이 지날수록 이 스토리북은 점점 두꺼워지고 글밥이 많아질 것입니다. 하지만 스토리북의 두께가 과연 아이의 읽기 실력을 말해 주는 것일까요?

## ◇ 영어 실력과 배경 지식이 동시에 필요

아이가 4학년이나 5학년이 되었는데도 고급반이 아니라고 해서 아직도 스토리북만 읽고 있다면 나중에 문제가 될 수 있습니다. 미국 초등 과정에는 "4th grade slump" 즉 '4학년 슬럼프 현상'이라는 것이 있습니다. 이민자나 유학생 가정의 아이들이 3학년까지는 수업을 잘 따라오다가 4학년이 되면서 갑자기 뒤처지는 현상을 말하는데요. 이 아이들의 공통점이 영어를 모국어로 사용하지 않는 것이기 때문에 영어를 외국어로 배우는 우리 아이들에게도 적용할 수 있는 현상입니다. 그렇다면 왜 잘하던 아이들이 4학년이 되면서 어려움을 겪게 되는 걸까요? 연구에서는 그 원인을 '부족한 배경지식'에서 찾았습니다. 영어를 모국어로 쓰지 않기 때문에 일상생활에서 과학이나 사회 등의 다양한 어휘들을 영어로 접하지 못하고 성장한 것이 원인이라는 것입니다. 3학년까지의 수업은 읽고 쓰는 능력을 키우는 데 집중하기 때문에 큰 문제가 없었으나, 4학년 이후의 교과는 지식 전달 위주의 내용 교과로 바뀌기 때문에 아이들은 영어와 배경지식의 이중고를 만나게 되는 셈입니다. 우리 아이들의 경우 꼭 4학년은 아닐 수 있지만, 영어를 배우면서 문해력 단계를 넘어서는 시점에서 비슷하게 어려움을 겪게 됩니다.

이 부분은 미주 지역에 거주하는 엄마들의 커뮤니티인 미씨유에스에이missyusa에서 오랫동안 칼럼을 쓰면서 자주 상담 쪽지를 받았던 내용이기도 합니다. 문제는 모든 아이들의 문제가 그렇듯 신호가 직접적으로 오지 않는다는 것입니다. "엄마, 나는 집에서 영어를 안 쓰기 때문에 배경지식이 부족해서 수업을 못 따라가고 그래서 집중력이 떨어졌어요"라고 누구도 말하지 않는다는 것이죠. 선생님에게 "아이가 수업에 참여하지 않아요", "작년에는 안 그랬는데 태도가 안 좋아졌어요" 하는 연락을 받거나 어느 날 아침 갑자기 아이가 "나 학교 가기 싫어"라고 폭탄 발언을 하면 그제서야 부모님은 문제가 생겼다는 것을 알게 되죠. 그나마 상담을 통해 바로 원인을 찾아내면 좋지만, 보통은 한참을 다른 곳에서 시간을 보내다 골든 타임을 놓치는 경우가 많습니다.

우리가 일상에서 과학, 사회 얘기를 얼마나 한다고 그 배경지식이 문제가 될까 싶으시죠? 4학년 이후 아이들이 접하는 과학책에는 생소한 과학 지식과 그에 관련된 단어들이 마구 튀어나옵니다. 예를 들어 태양계에 대한 책을 읽을 때, 행성 등 관련된 단어를 처음 듣는 아이를 상상해 보세요. 태양, 지구, 달 같은 단어는 그렇다 쳐도 천왕성, 해왕성, 공전, 자전 같은 단어를 만나면 어떨까요? 전부 외계어라고 느낄 겁니다. 사회, 문화에 대한 것도 마찬가지입니다. 민주주의를 배울 때는 생전 처음 보는 단어들 사이에서 엄마 아빠랑 투표소에 갔던 기억이며 TV에서 본 대통령이나 국회라는 단어의 도움을 저도 모르게 받고 있을 겁니다. 배경지식과 관련 단어들을 전혀 모르고 갑자기 내용이 쏟아지면 아이들은 힘들어할 수밖에 없습니다. 그 모든 것을 영어로 된 자료로 받아들여야 한다면 심리적 부담은 더 심할 수밖에 없겠죠.

3학년           5학년

위의 그림은 미국 초등학교 읽기 교재 〈Spectrum Reading〉의 목차입니다. 왼쪽은 3학년, 오른쪽은 5학년이고 초록색으로 표시된 부분이 비문학 지문들입니다. 3학년에서는 75개 지문 중 비문학이 30개이고, 5학년에서는 75개 지문 중 비문학이 45개로 5학년이 되면 거의 비문학 지문으로 바뀌는 것이 보입니다.

그렇다면 우리 영어 환경에서는 어떻게 배경지식과 관련 단어를 들려주어야 할까요? 기초 단계부터 쉬운 비문학 책들을 함께 읽어 주어야 합니다. 그래서 아이들이 sun(태양)이나 moon(달),

earth(지구)는 알고 Jupiter(목성), Uranus(천왕성)를 만나게 해 주어야 합니다. 하지만 의외로 많은 학원이나 영어 프로그램이 과학, 사회 등의 비문학 교재를 고급반에만 편성하고 있는 실정입니다. 아이의 책장을 살펴보시고 그간에 공부했던 영어 교재들을 들춰 보세요. 여전히 스토리북 중심의 수업만 받고 있다면 로드맵을 다시 짜야 할 때입니다.

쉬운 단계의 비문학책 읽기가 잘 되어 있지 않다면 어떻게 하면 좋을까요? 막연히 "지금부터 읽어!" 하는 것은 답이 될 수 없겠죠.

### 쉽고 아이가 흥미 있어 하는
### 주제부터 시작!

사실 비문학책 읽기는 가장 재미있는 활동이 될 수 있습니다. 과학, 사회에는 실생활과 밀접한 주제도 많고, 아이들의 호기심을 자극하는 주제도 많기 때문이지요. 때문에 영어에 흥미를 잃은 초등 고학년 남자아이들에게 처방해 주는 공부법이기도 합니다. 비문학책 읽기의 시작은 무조건 쉬운 것부터입니다. 내용 자체가 지식을 전달하기 때문에 글밥이 적어도 아이들의 자존감은 낮아지지 않습니다. 지금 읽고 있는 스토리북보다 쉬운 레벨을 선택하는 것이 좋습니다. 단, 책은 반드시 아이가 흥미 있어 하는 주제부터 시작합니다. 이게 가장 중요한 포인트입니다. 동물을 좋아하는 아이라면 호주에 사는 키위라는 동물을 보여 주세요. 이름도 생긴 것도 신기해서 아이들은 영어에 벽을 느끼지 않고 다가갑니다. 유럽 왕실 배경의 웹툰에 빠진 아이라면 palace(궁)와 castle(성)의 차이를 다룬 책도 좋겠지요. 아이가 부담스러워한다면 슬쩍 관련 만화나 다큐 또는 유튜브 동영상 같은 것을 보여주셔도 좋습니다. 다양한 분야를 다 다루려고 하실 필요는 없습니다. 좋아하는 분야를 충분히 읽고 거기서부터 조금씩 확장해 나가면 되니까요. 뒤에 책과 유튜브 채널을 소개했으니 참고하세요.

## 읽고 그리기와
## 질문에 답하기

미국 초중고에서는 논픽션 지문이나 책을 읽고 글을 구조화하는 작업을 끊임없이 시킵니다. 초등 단계에서는 그림을 그리고, 학년이 올라갈수록 그래 픽 오거나이저라고 하는 표를 이용하지요. 마인드맵으로 이해하셔도 좋습니다. 이때 가장 기본적으로 따라오는 질문들은 다음과 같습니다.

NONFICTION
# Questions for Non-fiction Reading

❶ What was your favorite part? Why?  가장 좋아하는 부분은 어디? 왜?

❷ What was the book about?  이 책은 무엇에 대한 내용이지?

❸ What are 2 new facts you learned?  새로 알게 된 사실 2가지는?

❹ What are 3 details from the book you learned?  새로 알게 된 구체적인 내용 3가지는?

❺ What are 2 questions you still have after reading?  책을 읽고 생긴 2가지 질문은?

❻ What does this book make you think about?  책을 읽고 어떤 생각을 하게 됐지?

대체로 책이 무엇에 대한 내용인지, 제목은 무엇인지 묻고, 새로 알게 된 주요 사실을 생각하게 합니다. 학년이 올라가면 글을 쓴 목적을 묻고 글의 구조를 써 보게 합니다. 수능 시험지를 보신 분들은 아시겠지만 기가 막히게 시험 문제와 일치하죠. 이런 활동이 일상화되면 새로운 글을 읽을 때 이미 머릿

속으로 답을 생각하며 읽게 됩니다. 생각이 습관이 되는 것이죠. 아이의 학년과 읽기 수준에 따라 처음에는 1, 2번 질문으로 시작해서 앞의 질문을 하나씩 늘려 가면 좋습니다.

### 작문 숙제를 위해 쓸 만한 문장 건지기

학원 숙제나 학교 수행평가를 위한 작문을 할 때 아이들은 영어 표현을 몰라 애를 먹습니다. 당장 배운 문장 몇 개로 하고 싶은 얘기를 다 할 수는 없으니까요. 부모님께 아이가 "뭐는 어떻게 써?" 하면서 질문하고 "너는 왜 그것도 모르니?" 하기 시작하면 작문은 고통의 시간이 됩니다. 그럴 때 비문학책은 좋은 참고서가 되지요. 초등 단계의 과학, 사회책들은 문장이 짧고 간결하기 때문입니다. 스토리북처럼 문장이 길지 않고 꾸미는 말이나 대화식 문장이 없죠. The moon is smaller than Earth.(달은 지구보다 작아.)라는 문장을 가지고 얼마든지 응용할 수 있습니다. My brother is smaller than me.(내 동생은 나보다 작아.)처럼 처음 몇 번만 해 보면 다음 책을 읽을 때 "이 문장은 나중에 써먹어야겠다" 하며 메모하기 시작합니다. 물론 문법이 틀리는 것은 아무 문제가 되지 않습니다. me 대신 I를 쓴다면 선생님이 고쳐 주실 것이고 그것을 통해 배우면 그만이니까요.

## 수능 지문은
## 거의 모두 비문학

우리 아이들에게 비문학 지문 읽기는 정말 중요합니다. 일단 수능 지문은 거의 모두 비문학입니다. 정보를 주고 그 안에서 글의 목적이나 주장, 제목, 글의 순서 등 목표하는 바를 찾으라는 것이 시험의 핵심입니다. 초반에 모르는 개념어를 던져 주고 그 다음에는 그것을 설명하는 문장들이 따라옵니다. 애초에 그 개념어는 독자들이 알고 있을 것을 전제로 하지 않습니다. 비문학 읽기에 익숙한 아이들은 그것을 알고 모르는 단어가 나와도 긴장하지 않습니다. 그 다음에 설명이 나올 거니까요. 하지만 영어에 자신이 없고 비문학 읽기가 안 되어 있는 아이들일수록 모르는 그 단어에 발목이 잡힙니다. 최악의 경우 그 지문을 버리고 다음으로 넘어가는 경우도 생깁니다.

한번은 영어 1등급을 아깝게 놓치고 있는 고3 학생을 상담한 적이 있습니다. 모의고사를 보고 시험지를 들고 왔는데 어렵지 않은 지문을 틀렸더군요. 지문은 catharsis에 대한 설명이었습니다. "카타르시스인지 몰랐구나?" 하자 아이는 정말 어이없다는 표정을 지었죠. 물론 그 단어가 카타르시스인지 알았더라면 지문은 훨씬 쉽게 읽혔을 것입니다. 하지만 지문의 모든 개념어를 알고 시험을 볼 수는 없는 노릇입니다. 제가 준 솔루션은 모르는 개념어가 나왔을 때 그냥 '사과'라고 생각하고 넘어가라는 것이었습니다. "응, 이건 apple이야." 하고 그 다음에 나오는 설명에 집중하는 것이죠. 개념어 뒤에는 반드시 그에 대한 설명이 나오니까요. 시험은 쫄면 망합니다. 그래서 쫄라고 어려운 단어를 내는 거니까요. 비문학 개념어들은 사람을 쫄게 하고 그래서 어려서부터 훈련이 중요합니다.

## 직독직해는 필요하다면
## 중등 과정까지만

별로 모르는 단어 없이 지문을 다 읽었는데 무슨 소리인지 모르겠는 경우도 있습니다. 역시 정보를 파악하는 훈련 없이 단어 해석으로만 책을 읽어 와서 생긴 부작용입니다. 중학생 대상 학원에서 많이 하는 공부법이 직독직해입니다. 중등 단계의 지문에서는 의미 있는 활동일 수 있습니다. 지문이 길지 않으니 문형을 파악하며 읽는 것이 의미가 있죠. 하지만 여기에 너무 습관을 들이면 고등 과정에서 뜻밖의 고생을 하게 됩니다. 한 문장 한 문장 정확하게 해석해야 속이 후련한 이과 성향의 아이들이 특히 이 덫에 많이 빠집니다. 글의 구조나 흐름을 보기보다는 문장 하나하나를 해석하려는 성향이 있는 아이들은 갑자기 길어지는 지문을 해석하다가 시간을 다 보내고 글의 핵심도 놓치게 되기 때문입니다. 저 또한 번역 일을 하다가 유학을 갔을 때 원서를 속도감 있게 읽지 못해 고생한 적이 있습니다. '이 단어, 이 표현은 우리말로 어떻게 바꾸면 좋을까?' 하는 것이 습관이 되어 있었던 것이죠. 비문학 글 읽기를 어려서부터 하면 지문의 핵심이 어떤 식으로 서술이 되는지 익숙해지고 이는 곧 시험에서 점수로 이어집니다.

##  Nat Geo Kids

내셔널지오그래픽에서 제공하는 어린이 채널입니다. 다양한 동물, 식물, 지리 등에 대한 영상들이 무척 많습니다. 만화로 되어 아이들이 부담 없이 볼 수 있는 시리즈도 있고, 흥미로운 동식물에 대한 영상도 많습니다. 짤막한 영상이 많아 아이들이 좋아하는 동물부터 가볍게 시작하기 좋습니다. 설정〉자막〉자동번역에 들어가면 영어 자막은 물론 우리말 자막을 띄워서 볼 수도 있습니다.

##  SciShow Kids

미국 초등 1~3학년 학생들을 대상으로 한 과학 채널입니다. 재미있는 과학 실험이나 과학 질문에 대한 영상이 많고, 특히 선생님이 귀여운 쥐 캐릭터와 함께 이야기해 주는 방식이어서 부담 없이 듣기에 좋습니다. 영어 자막이 지원되는 영상이 많아 학습에 이용하기 편리합니다.

##  한국과학우주청소년단

재생목록 아래쪽에 가면 YAK & NASA 코너가 있습니다. 우주에 관한 흥미로운 주제로 2~3분짜리 동영상이 100개 올라와 있습니다. 우리말 자막도 있고 자막 표시를 누르면 영어 스크립트도 볼 수 있지요. 과학을 좋아하는 아이라면 그냥 들어도 좋고 받아쓰기, 말하기 학습 등에 이용할 수 있습니다. 예를 들어, 일주일에 혹은 한 달에 다섯 개 영상을 본다면 그중 가장 마음에 드는 것을 하나 골라 스크립트를 받아 적고, 암기해서 발표하는 연습을 해 봐도 좋습니다. 문장을 암기한 다음 영어 자막을 보면서 따라 말하기를 하면 발음이나 억양, 속도감도 함께 익힐 수 있어서 좋습니다. 따라 말하기를 처음 할 때는 설정〉재생 속도에 가서 0.75 정도로 늦춰서 하면 좋습니다. 단, 주제들이 모두 우주에 관련된 것이라서 아이 성향에 맞지 않을 경우 학습 목적으로만 접근하면 안 됩니다. 영어 비디오 보기는 아이가 좋아하고 흥미로운 것부터 시작하는 것이 가장 중요합니다.

YAK & NASA(1~100)

## ▶ Crash Course Kids

미국 초등학교 5학년 교과의 과학을 다
루는 과학 채널입니다. 우주부터 지리, 생
명, 물리 등 과학 전반에 대한 내용을 다
루고, 본격적인 수업 목적의 영상들이라
선생님이 설명하는 방식입니다. 난이도가
높기 때문에 논픽션 듣기에 익숙한 아이
들에게 적합합니다.

# 매주 40-50개씩 보는
# 단어 시험 점수가 좋다

아이들에게 영어 단어 암기는 피해갈 수 없는 ○○입니다.

빈칸에 무엇을 넣으면 좋을까요? 숙명? 지옥? 과정? 학원에 다니는 초등 고학년 아이들은 일주일에 대략 4~50개의 단어를 외워 내고 두세 달이면 단어책 한 권을 뗍니다. 예전처럼 단어 뜻을 찾아 적지 않아도 책에 친절하게 다 써 있습니다. 여러 번 쓰면서 안 외우고 눈으로만 외운다고 부모님들은 답답해하시지만 어쨌든 진도는 착실하게 나갑니다. 단어 시험 성적도 나쁘지 않습니다. 패스를 못하면 집에 보내지 않고 암기를 시키는 친절한(?) 학원도 많으니까요. 엄마표로 공부하는 아이들도 크게 다르지 않습니다. 학원처럼 많은 수를 강제할 수는 없지만 어쨌든 계획에 따라 착실하게 단어책을 끝내 갑니다. 하지만 이렇게 양으로 외우는 단어가 과연 의미가 있을까요?

외국어를 배울 때 단어를 외우는 것은 정말 중요합니다. 일단 구슬을 모아야 꿰어서 보배를 만들든 구슬치기를 하든 할 테니까요. 초등 고학년에 단어 암기가 어려워지는 것은 언어 발달 과정상 그 단어 수가 단계적으로 증가하는 시기가 아니라 갑자기 확장되는 시기이기 때문입니다. 또, 이전까지는 한 번쯤 들어 본 단어들의 철자를 외우는 경우가 많았다면, 이제는 한 번도 본 적도 들은 적도 없는 단어들이 줄지어 나타나기 때문입니다. 모국어나 제2언어가 아니다 보니 영어에 노출되는 시간이 부족해서 벌어지는 일이죠. 게다가 열심히 외워 봐야 딱히 언제 쓸 일이 있을까 싶은 단어들이 많아지는 시기이기도 합니다.

또 다른 이유는 추상적인 단어가 많아지는 데도 있습니다. 초등 영어 교과서에서 만나는 단어들은 대체로 시각적으로 표현이 가능한 것인데 반해, 그 이상의 수준을 공부하는 아이들은 이제 우리말로도 금방 이해가 되지 않는 영어 단어를 만나게 되니까요. 이런 상황에서 초등 고학년 영어 전환기의 아이들은 어떻게 해야 할까요? 단지 단어를 몇 개 외우는가에 의미를 두기보다는 어떻게 단어를 외우고 있는지 체크해 봐야 할 때입니다.

## 단어의 방이 만들어지는 아이 머리에 단어 채우기

시중에는 정말 많은 단어책이 나와 있습니다. 다양한 방법으로 기적의 암기법을 소개하는 책과 프로그램, 앱들이 있습니다. 그중 무엇이 좋은지 물어보는 경우가 많은데 굳이 답을 한다면 다 괜찮습니다. 단어를 외우는 방법은 한 가지가 아니고 다들 연구 끝에 만들어 낸 방법이니까요. 단어는 어느 날 마음먹고 열심히 하는 게 아니라 밥을 먹듯 숨을 쉬듯 계속해야 하는 것이라 그냥 하면 됩니다. 그저 아이가 즐겁게 할 수 있는 것이면 좋습니다.

단, 그 단어책의 구성이 어떻게 되어 있는지는 한 번쯤 살펴보셔야 합니다. 대개 고등학교, 또는 성인용 단어장은 무작위 단어를 매일, 또는 매 단원 몇 십 개씩 외우게 되어 있는 경우가 많습니다. 심지어 알파벳 순서대로 정리해 놓은 것도 많지요. 단어를 많이 알고 이미 여러 방법으로 단어를 외워 본 경험이 있다면 나쁘지 않을 수 있습니다. 하지만 아이들의 경우는 다릅니다. 머리에 '단어의 방'이 만들어지는 시기라서 구역을 잘 나누어 놓는 게 좋습니다.

알파벳 순으로 배열한 단어장의 단어보다 좋은 것은 그날 배우는 책이나 지문, 듣기 내용에 나오는 단어들입니다. 오늘 배울 내용의 단어를 미리 외우게 하고, 그것을 이삼일 후 다시 한번 외우게 하면 정말 베스트입니다. 단어들이 책이나 지문에서 실제 쓰이는 것을 보는 건 그 어떤 화려한 영상으로 단어를 외우는 것보다 중요합니다. 단어를 제대로 아는 것은 물론, 아이들에게 성취감과 학습의 동기를 주니까요.

그다음으로 좋은 방법은 카테고리를 나누어 외우게 하는 것입니다. 슈퍼마켓에서 볼 수 있는 단어, 동물원 관련 단어 등 공간에 대한 것이어도 좋고, 휴가나 방학에 대한 단어 등 특정 시기에 연상이 가능한 단어들을 묶는 것도 좋습니다. 아픈 몸 상태나 친구 묘사하기처럼 상황과 연관해 외우는 것도 좋지요. 이렇게 연관된 단어들을 함께 저장하는 훈련을 하면 나중에 새로운 단어들을 만날 때 그 방에 함께 저장할 수 있게 됩니다. 그러면 들어가는 속도도 빨라지고 꺼내는 속도도 빨라집니다. 우리말로 예를 들어 볼까요? '할머니' '할아버지' '사촌' '큰아버지'가 있는 공간에 '숙모'를 넣는 것이, '숙달' '숙제' '숙명' 다음에 '숙모'를 외우는 것보다 훨씬 효과적이라는 얘기입니다.

### 반의어 유의어를 함께 외우기

또 한 가지, 초등 단계에서 쉽고 재미있게 적용할 수 있는 방법이 있습니다. 효과적인 것은 물론이고 시험 대비에 꼭 필요한 방법입니다. 반대말(반의어), 비슷한 말(유의어)을 같이 외우는 것입니다. 단어를 쉽게 외우고, 모를 때 뜻을 유추하기 위한 방법은 여러 가지이지만, 일단 둘 중에 한 단어라도 알고 있으면 그 반대말의 의미도 명확하게 알 수 있어서 좋습니다. tall(키 큰)을 일면 short(키 작은)이 그 반대말이라고 했을 때 의미가 선명해지니까요. 나중에 문맥에서 뜻을 유추해야 하는 상황이 왔을 때도 유용하게 쓸 수 있습니다. 수능 지문의 많은 문장들이 접속사를 사이에 두고 비슷한 의미의 단어나 반대 의미의 단어를 배치하는데, 보통은 이러한 문장들이 문제를 푸는 데 핵심이 되는 경우가 많기 때문입니다. 단어를 처음부터 반대말, 비슷한 말을 짝지어 외우기 시작하면 한 단어가 가지는 다른 뜻도 같이 외우게 되고, 그에 따른 관련 단어도 같이 보게 되니 어휘가 빠른 속도로 늡니다.

### 문맥으로 뜻을 유추하기

문맥을 통해 단어 뜻을 유추하는 연습도 중요합니다. 물론 기초 단계보다는 어휘가 어느 정도 쌓인 초등 고학년이나 그 이상의 단계에서 적용 가능한 방법이기는 하나, 학습법으로 알고 계시는 것은 필요합니다. 다음 문장을 보겠습니다.

This table is flimsy. It might fall down if you sit on it.
이 탁자는 _____해. 네가 거기에 앉는다면 부서질 거야.

flimsy(조잡한, 엉성하게 만든)라는 단어를 처음 보았어도, 뒤에 따라오는 문장을 통해 뜻을 쉽게 유추해 볼 수 있습니다. 아무리 영어 단어를 열심히 외워도 아이들이 앞으로 만날 수많은 영어 지문에는 언제나 모르는 단어가 있을 것이기 때문에, 이렇게 단어 뜻을 유추해 보는 훈련은 정말 중요합니다. 어른들의 눈으로 보기에는 너무나 당연해 보이지만 아이들에게는 훈련이 필요하고, 훈련이 되어야 시간에 쫓기는 순간, 또는 당황하는 순간에 쓸 수 있습니다. 시간이 촉박한 시험에서 낯선 단어를 만나면 대개 아이들은 얼음이 되어 버리니까요.

기왕에 단어 암기를 하고 있다면 제대로 내 것이 될 수 있게, 잠시 미뤄 두고 있다면 최고의 방법으로 다시 시작할 수 있게 몇 가지 방법을 소개합니다. 단, 다음의 세 가지 방법은 단계적으로 적용해야 하고 반드시 아이와 합의가 이루어진 상태에서 해야 합니다. 기존의 방법을 바꾸거나 추가하는 것이 될 경우, 절대 부모가 독단적으로 결정해서는 안 됩니다. 왜 이런 방법이 좋은지 아이에게 설명하시고 양과 시기를 함께 결정해야 합니다. 습관으로 자리 잡을 때까지는 적절한 보상 시스템을 도입해도 좋습니다. 단어 암기는 지루하고 고된 일이어서 약간의 응원이 꼭 필요합니다.

### 단어 암기 시간을
### 일상의 루틴에 붙이기

단어는 매일, 그리고 반복해서 외워야 합니다. 학원에 다니는 아이의 경우, 단어 암기가 전쟁인 이유는 많은 단어를 학원 가기 전날 다 외우려고 하기 때문입니다. 그리고 학원에서 테스트를 보고 오면 싹 잊어버리는 생활이 반복되죠. 엄마표로 집에서 공부하는 경우, 4, 5학년에도 단어 전쟁이 나지 않았다면 훌륭하게 자기 주도 학습을 하고 있거나, 단어를 적게 외우거나 둘 중 하나일 겁니다. 때문에 단어 암기가 매일의 습관이 되게 하려면 반복되는 일과에 붙이는 것이 좋습니다. 화장실이나 식탁 앞에 단어판을 만들어 붙여도 좋고, TV 시청 전 10분이나 게임 후 10분 등 즐거운 활동 앞뒤에 붙여서 습관이 되도록 도와주세요. 글씨 쓰는 것을 지루해하는 아이라면 클래스카드 프로그램처럼 컴퓨터나 핸드폰을 이용하여 재미를 붙이게 해도 좋습니다.

## 문장으로 외우기

단어의 뜻만 외우게 하는 교재나 학원이라면 거기에 더해 문장으로 외우기도 시작해 주세요. 하루에 한두 문장이라도 좋습니다. 가장 좋은 건 그날 배우는 리딩 지문이나 작문, 혹은 문법에 나오는 단어를 이용해 단어장을 만들고 이를 이용해 단어 시험을 보는 것입니다. 하지만 이렇게 공을 들이는 학원은 많지 않습니다. 대개는 시중의 단어책을 이용해 테스트를 보지요. 그러니 길지 않은 문장 몇 개를 골라 외우도록 하고 작은 보상을 주는 것으로 습관을 만들어 주세요.

## 문맥에서 찾고
## 나만의 문장 써 보기

앞의 두 활동이 충분히 자리가 잡혔거나 영어를 잘하거나 본인이 의지가 있을 때 시작하는 활동입니다. 가장 이상적이지만 그만큼 상당히 시간이 걸리고 고된 과정일 수 있습니다.

| WORD 단어 | | P.O.S (part of speech) 품사 |
|---|---|---|
| DEFINITION 뜻 | | |
| SENTENCE IN BOOK 책 속의 문장 | | |
| NEW SENTENCE 내가 만든 새 문장 | | |

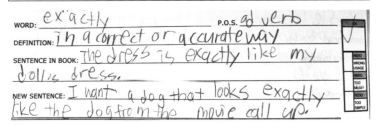

외울 단어를 선택한 다음, 단어를 검색해서 뜻과 품사를 적게 합니다. 수준에 따라 영어로 적어도 좋고, 우리말로 적어도 좋습니다. 그리고 그 단어가 들어 있던 책이나 지문의 문장을 그대로 옮겨 적도록 합니다. 마지막으로 단어를 이용해서 스스로 새 문장을 만들어 보도록 하는 것입니다.

수능 영어의 기본은 당연히 어휘이고, 어휘가 바탕이 되지 않으면 듣기도 독해도 해낼 수 없는 것은 당연합니다. 그렇게 바탕이 되는 어휘 외에 본격적인 어휘 문항에서는 문맥상 낱말의 쓰임이 적절하지 않은 것을 묻습니다. 주로 앞뒤 문장의 흐름을 적절하게 파악하고 있는지가 관건이 되는 문제들이죠. 항상 킬러 문제가 되는 빈칸 추론 문제 역시 어휘 문제는 아니지만, 주로 학술 지문이 출제되기 때문에 학생들이 어휘에서부터 힘들어하는 부분입니다.

평가원의 자료에 따르면 어휘 문제는 다음과 같이 학습하도록 안내합니다.

## 학습안내

○ 읽기의 언어형식/어휘 중 어휘 문항 유형은 문맥에 알맞은 어휘를 사용하는 능력을 평가하는 문항이다. 어휘 문항 유형을 해결하기 위해서는 다양한 소재의 글을 읽으며 글의 전체적 흐름을 빠르게 파악하여 어휘의 의미를 유추하되, 어휘의 다양한 쓰임과 의미까지 고려해서 문맥에 가장 적절한 의미를 생각해 보는 연습이 가장 효과적이다.

○ 영어 I과 영어 II에서 제시하고 있는 수준의 어휘 학습이 되어야 하겠다. 특히 동의어, 반의어, 파생어, 철자 혼동 어휘에 대한 기본적인 학습이 필요하다. 어휘의 의미를 많이 암기하는 것에만 그치지 말고, 글의 전체적인 흐름, 다시 말해 글의 논지를 염두에 두고 문맥에 적절한 어휘의 의미를 추론하는 연습이 중요하다. 문맥 속에서 적절한 어휘를 추론할 때, 앞뒤 문장의 논리적인 관계에 주목해야 한다는 점을 명심해야 한다.

출처: 2023학년도 대학수학능력시험 학습방법 안내 –한국 교육과정 평가원

단어 암기에 지친 아이들은 vocabulary(보캐뷸러리-어휘)를 바퀴벌레라고 하기도 합니다. 잡아도 잡아도 끝없이 나오니까요. 수학처럼 답이 딱 떨어지는 것도 아니고 늘 '가장 적절한' 또는 '가장 적절하지 않은' 것을 골라야 하는 모호함을 힘들어하는 아이들도 있죠. 열심히 외웠는데 자꾸 까먹는 것도 좌절의 이유입니다. 생판 모르는 단어도 힘들지만 본 듯한데 뜻이 생각나지 않는 단어도 고통이지요. 때문에 초등 시절에는 재미있는 게임과 활동으로 단어 암기에 좋은 경험을 쌓는 것이 중요합니다. 재미있게 외우고 꺼내서 쓰는 훈련이 습관으로 잡혀야 합니다. 학년이 올라갈수록 주어지는 것은 엄청난 양의 단어와 지루한 단어책뿐이니까요.

### 📖 Bricks Vocabulary
**Bricks**

엄마표 영어 교재로 유명한 브릭스 출판사의 시리즈 중 하나입니다. 단어와 뜻, 예문이 나와 있는 것은 다른 단어책들과 같지만, 브릭스 리딩 교재들과 연동이 되어 있다는 것이 최대 장점입니다. 책 표지의 오른쪽 상단에 보면 어떤 레벨의 단어를 담고 있는지 알 수 있습니다. 그날 공부하는 내용의 단어를 예습이나 복습으로 한 번 더 다루게 되면 문맥 속에서 단어를 기억하는 좋은 효과를 얻을 수 있습니다. 어휘의 경우 300부터 4800까지 다양한 레벨이 있는데, 출판사 홈페이지(ebricks.co.kr)에 가면 레벨 테스트를 통해 아이에게 맞는 교재를 추천받을 수 있고, Curriculum을 클릭하면 학년별, 영역별 교재 안내도 볼 수 있습니다.

### 📖 Wordly Wise 3000
**School Specialty**

학원에서 많이 사용하는 대표적인 단어 교재로, 미국 교과 과정인 유치원(K)부터 고등학교 3학년(12학년)까지 학년별로 구성되어 있습니다. 원서라서 부담스

럽긴 하지만, 영영으로 단어 뜻을 익히고 문제를 풀어 볼 수 있고, 해당 유닛의 단어들이 들어간 읽기 지문이 있어 문맥 속에서 단어를 다시 보는 것도 좋습니다. 학년별로 어느 정도의 어휘를 배우는지 알아볼 때 유용합니다.

### ▶ Classcard

단어와 문법, 문장 학습을 지원하는 국내 콘텐츠로 이미 상당수 학교에서 사용하는 사이트입니다. 유료 콘텐츠이기는 하나 아이가 손으로 쓰면서 공부하는 것을 싫어하거나 영어 공부에 흥미가 없다면 시도해 보세요. 아이의 학교나 학원에서 이미 사용하고 있는지 확인해 보시고 무료 체험을 해 보셔도 좋습니다.

# 학원에서 원어민과
# 회화를 거침없이 한다

---

## 2015 개정교육과정 중 영어 관련 주요 개정사항

-영어: 언어발달 단계와 학생발달 수준을 고려한 의사소통 중심 교육 강화(초·중: 듣기, 말하기 중점, 고등: 읽기, 쓰기 학습 강조), 기본 학습 어휘 수를 학교 급별로 구분 제시

출처: 서울특별시 교육청〉교육정보〉서울교육자료

초등학교 영어 수업은 기본적인 의사소통을 목표로 설계되어 듣기와 말하기 수업 위주로 진행됩니다. 물론 주어진 주제와 한정된 단어, 표현을 이용해야 하기에 자연스러운 대화보다는 간단한 게임 이나 문제 풀이 활동 등이 이루어지죠. 분명 이것은 영어를 시작하는 좋은 방법이고 아이들은 즐겁게 수업을 합니다. 가정에서는 전화

영어를 하거나 멀티미디어를 통한 대화 수업으로 말하기 연습을 보충하기도 하고요. 학원에서도 원어민과 자연스럽게 대화를 주고받는 아이들을 보면 말하기 수업이 잘 이루어지는 것 같습니다. 하지만 지난 주말에 무엇을 하고 놀았는지 유창하게 원어민과 대화할 수 있다는 게, 과연 우리 아이들에게 필요한 말하기 능력이 잘 길러지고 있다는 것과 같은 의미일까요?

## ◇ BICS가 아니라 CALP가 되어야 한다

'영어를 잘하는 사람'이라고 하면 누가 떠오르세요? 영어는 우리에게 외국어이기 때문에 자기가 필요한 분야에서 필요한 만큼 할 수 있으면 잘하는 겁니다. 운동선수나 아이돌 스타들이 인터뷰하는 데 유창하면 잘하는 것이고, 택시 기사가 외국인 승객을 안내하는 데 불편함이 없으면 잘하는 것입니다. 쇼핑을 좋아하는 사람이 외국에서 원하는 물건을 찾는 데 필요한 만큼 할 수 있으면 그것도 영어를 잘하는 것입니다. 지금까지 예로 든 영어 말하기에는 어떤 공통점이 있을까요? 일상에서 필요한 의사소통 수단으로의 말하기라는 점입니다. 이렇게 일상생활에서 필요한 의사소통 수단으로의 말하기를 Basic Interpersonal Communication Skill, 줄여서 BICS라고 하고 아이들의 생활에 맞추어 '놀이터 영어'라고도 부릅니다. 우리가 흔히 미국에 가면 거지도 영어를 잘한다고 하는 그 '영어'가 바로 이 '놀이터 영어'입니다. 생활영어라고 불러도 좋겠죠. 외국어를 처음 배울 때 접하는 것이기도 하고, 가장 눈에 잘 띄는 부분이어서 흔히 영어를 잘한다고 할 때 이 부분을 떠올립니다.

하지만 우리 아이들이 영어 교육을 받는 목표는 단지 생활 영어를 잘하기 위해서가 아닙니다. 그렇다면 고등학교에서도 생활 영어 위주로 가르쳐야겠죠. 우리 아이들이 영어를 배우는 목적은 영어로 된 자료를 읽거나 듣고 이해해서 자기 의견을 담아 말과 글로 표현할 수 있게 하기 위한 것입니다. 이렇게 인지적인 내용이 포함되는 부분을 Cognitive Academic Language Proficiency, 줄여서 CALP라고 합니다. 간단하게 '학교 영어' 또는 '교실 영어'라고 부르죠. 고등 단계나 수능 영어에서는 물론이고 대학 영어나 토플 등의 시험에서 중심을 이루는 것도 이 '학교 영어' 부분입니다. 아이들이 영어 지문을 읽고 문제 풀이를 시작했다면 이미 '학교 영어'의 영역에 들어간 것입니다.

### 그림이나 사진 보고 묘사하기의 놀라운 효과

그렇다면 우리 아이들은 원어민과의 일상회화 이외에 어떤 점에서 말하기 훈련이 이루어져야 할까요? 미국 학교에서 흔히 하는 활동으로 그림이나 사진을 보고 묘사하는 것이 있습니다. 초등 저학년에는 여행이나 특별한 경험이 담긴 사진을 보고 하고, 고학년이 되면 기사에 실린 사진을 보고 글을 쓰거나 상황을 설명해 보게 합니다. 즉, 그림 묘사하기 활동이 가장 기본이 됩니다. 다음 그림을 보세요.

7살 영어 유치원 3년차 반에서 위의 그림으로 말하기 활동을 했습니다. "Tom은 스키를 타러 갔어요. 하지만 햇빛이 쨍쨍한 날이어서 Tom은 스키를 타다가 미끄러졌습니다. Tom은 병원에 입원했습니다. Tom은 착해서 친구에게 빨리 나으라고 카드를 받았습니다." 이렇게 말한 아이의 서술을 살펴보죠. '스키를 타러 가다', '스키를 타다', '팔에 깁스를 하다'를 보여 주는 세 장의 그림에서 아이는 어떤 상황을 유추했을까요? 아이는 첫 번째 그림에서 스키를 타러 간 남자 뒤로 해가 크게 그려진 것을 놓치지 않고 '스키장 눈이 녹아 미끄러웠을 것이다'를 유추해 냈습니다. 두 번째와 세 번째 그림 사이에 남자가 넘어진 그림은 없지만, 아이는 Tom이 침대에 앉아 있는 그림을 보고 그 사이 사고가 있었음을 유추했고, 남자가 들고 있는 Get Well(빨리 회복하길 바라)이라고 쓰인 카드를 보고 남자가 착해서 친구가 카드를 보내 주었다는 것까지 생각했습니다. 어른들에게는 어렵지 않은 상황 묘사일 수 있지만, 7살 아이로서는 참 훌륭한 서술이었습니다. 7세에 이렇게 묘사했던 아이는 자라서 외고에 진학하고 스카이 대학 중 한 곳의 국제학부에 합격했습니다. 반면, 같은 그림을 보고 이렇게 묘사한 아이도 있었습니다. "남자가 스키를 타러 갔어요. 스키를 탔어요. 어? 선생님, 남자가 여자가 됐어요." 학교 영어에 인지적 부분이 개입한다는 좋은 예이고, 단순한 대화이상으로 사고력이 필요한 활동을 해야 한다는 중요성을 알려 줍니다. 이렇게 성장한 사고력은 과학이나 인문 등 내용 중심의 글을 읽거나 들을 때 그 역할을 톡톡히 합니다.

옆 페이지 그림은 프라이머리 토플 스피킹 테스트(Primary TOEFL Speaking Test) 샘플 문제 중 하나입니다. 주어진 그림 네 장을 보고 어떻게 새에게 모이를 주는지 그 과정을 30초 동안 설명하는 것입니다. 아이들은 남자아이가 새 모이를 퍼서 새장 앞으로 간 다음 문을 열어 모이를 주면 나뭇가지에 앉아 있던 새들이 내려와서 먹는다는 상황을 차근차근 설명해야 하죠. 초등학생 대상 토플 스피킹 시험에서 이렇게 그림 묘사하기 문제가 나오는 건 아이들이 상황을 이해하고 설명하는 능력을 익혀야 한다는 것과 맥락을 같이 하는 겁니다.

### 최소한 중1까지는 말하기 수업을 지속

그렇지만 우리 아이들의 영어 말하기 수업에는 큰 장애가 있습니다. 유치원, 초등까지는 학교나 학원에서 어찌됐든 말하기 수업을 받는다고 하지만, 중학교에만 가도 말하기 수업은 사라지기 때문에 어려서 열심히 해 봐야 소용이 없다는 생각이 지배적인 것이죠. 어차피 다 잊어버릴 것이니 초등 고학년만 돼도 내신을 위해 '효율적으로' 독해나 문법 위주로 바꾸는 경우가 많습니다. 하지만 중학교까지는, 최소한 자유학년제가 실시되는 중1까지는 말하기 수업이 충실하게 이루어지는 것이 좋습니다. 그 이유는 다음과 같습니다.

첫째, 중고등 시기 수행평가는 주로 주제 발표 등의 말하기 위주이고 영어 관련 대회 역시 말하기 중심입니다. 영어 수행평가 준비에 드는 시간을 줄이고 감점이 되지 않기 위해서는 물론이고, 영어를 특기로 가져가고 싶다면 말하기 준비가 충분히 되어 있어야 합니다.

둘째, 부모님이 아이들 영어에서 가장 바라는 '원어민 같은 native-like' 발음은 사춘기가 지나면 형성되기 어렵습니다. 외국어 학습에서는 사춘기 무렵을 critical period라고 해서 이 시기가 지나면 원어민 같은 발음은 만들어지기 힘들다고 봅니다. 이 시기 이전에 충분히 듣고 말할 기회를 주어야 제대로 발음이 형성이 된다는 것이죠. 최대한 많은 어휘를 글자로 보기 전에 귀로 먼저 듣고 따라 말할 기회를 가질수록 이 부분에 효과를 볼 수 있습니다. It's a ~를 '잇쩌 ~'라고 잘 하다가도 글로 쓰고 읽을 수 있게 되면 '잇쓰 어 ~'라고 하게 되는 문자 간섭 효과 때문입니다.

사실 중고등 시절에 영어를 말할 기회가 없어 말하지 않아도 부모님이 걱정하시는 것처럼 영어 말하기 능력이 싹 잊히지는 않습니다. 영어는 언어라서 자주 쓰지 않으면 잊히는 것이 당연합니다. 하지만 말하지 않고 있어도 듣기, 읽기로 충분히 인풋이 있다면 아이가 대학에 가거나 성인이 되어 말하기가 필요할 때 새로 배우는 것과는 비교도 할 수 없을 만큼 훨씬 적은 노력으로 꺼내 쓸 수 있게 됩니다. 그래서 최소한 듣기는 절대 손을 놓으면 안 됩니다.

아이들의 말하기 수업이 단순한 일상 대화로만 구성되어 있는지, 과학, 사회 등의 교과목과 관련해 사고력을 바탕으로 이야기하거나 발표하는 기회가 있는지 점검해 주세요. 부족한 부분이 보인다면 몇 가지 활동으로 보충해 줄 수 있습니다.

### 소리 내어 읽기와 소리 내어 생각하기
### (Read aloud and think aloud)

아이와 함께 책을 보라는 이야기는 참 많이 들으셨을 겁니다. 그런데 영어책은 읽어 줄 자신이 없거나 발음 때문에 아예 시도도 못하는 분들이 많으시죠. 이게 영어책 읽기의 함정입니다. 사실 발음보다 중요한 것은 따로 있거든요.

영어책을 아무리 원어민처럼 읽어 준다고 해도 내용에 함께 몰입하면서 좋은 질문을 던지지 못하면 의미가 없습니다. 오히려 아이와 오디오북을 함께 들으면서 적절한 질문과 관심을 보여 주는 것이 더 효과가 큽니다. 책 속 등장인물이 있다면 등장인물의 행동과 사건, 심정에 대해 질문해 주시고, 과학이나 인문 분야의 지식을 다룬 책이라면 새롭게 알게 된 내용을 함께 궁금해하고 추가적인 내용을 같이 검색해 보는 것으로 매우 훌륭한 활동이 될 수 있습니다. 처음에 책으로 하는 것이 부담된다면 영화나 만화 등을 함께 보면서 시작하셔도 좋습니다.

모국어로 형성된 사고력은 외국어에도 그대로 옮아갑니다. 소리 내어 읽기 역시 함께 해 주시면 좋습니다. 소리 내어 읽으면 읽는 동시에 자기가 낸 소리를 듣기 때문에 한 번에 두 가지 활동을 하는 셈입니다. 단, 책이나 지문이

길 경우 전체를 읽으려면 부담될 수 있으니, 책의 인상 깊은 장면을 읽어도 좋고, 부모님과 한 단락씩 번갈아 읽어도 좋습니다. 지문 역시 기계적으로 전체를 읽는 것보다 새로 알게 된 부분을 읽거나 중요한 부분을 읽는 등의 목표를 정하게 되면 내용에 더 집중하는 효과가 있습니다. 부모의 발음이 나쁘면 아이의 발음도 망치지 않을까 걱정이 되시겠지만, 그건 전혀 걱정하실 필요 없습니다. 오로지 부모한테서만 영어를 듣는다면 문제가 될 수도 있지만, 아이들은 오디오북이나 학원, 영상을 통해 영어를 더 많이 듣기 때문에 크게 영향을 받지 않는다고 합니다. 그래도 걱정이 된다면 좋은 질문과 진심 어린 공감으로 그 역할을 넘치게 하실 수 있습니다.

### 사진이나 그림 보고
### 말하기를 루틴으로 만들기

사진이나 그림을 보고 말하는 것은 언어 사용 능력을 기르는 것 외에 사고력을 키우는 좋은 효과가 있습니다. 핸드폰으로 찍은 일상의 사진이나 책 속의 삽화를 보고 하루에 1분씩 그림/사진 묘사하기를 하게 해 보세요. 요즘은 목소리를 재미있게 변조하는 어플들이 많으니 처음에는 흥미를 높이기 위해 어플을 사용하거나 자신의 모습을 동영상으로 찍어 한 폴더에 보관해 놓으면 좋습니다. 잠자기 전이나 간식 먹을 때 등 일상에서 규칙적으로 반복되는 일과 앞뒤에 붙여 매일의 루틴을 만들면 성공 확률이 높아집니다.

현재 수능에 직접적인 말하기 평가는 없습니다. 다만 듣기평가 중에 간접 말하기를 평가한다고 되어 있습니다. 평가원 자료에 따르면 이렇습니다.

> **간접 말하기** 간접 말하기 능력이란 가상의 의사소통 상황에 대한 대화나 담화를 듣고 전체적인 맥락과 의사소통 상황을 고려하여 가장 적절한 응답을 표현할 수 있는 능력을 의미한다.

수능 45문항 중 17문항이 듣기이고 이 중 4문항이 대화를 완성하는 형태입니다. 대화를 들려주고 '남자의 마지막 말에 대한 여자의 대답을 다음 중에 고르시오' 하는 등으로 출제가 되지요. 한 문제는 상황을 주고 그 상황에서 누가 무엇이라고 말할 것인지를 묻습니다. 대화나 상황 자체가 어렵거나 특별히 사고력을 필요로 하지는 않지만, 길이가 꽤 길어서 집중력을 잃지 않는 것이 중요합니다. 듣기평가 부분은 영어 시험의 첫 부분이고 단 한 문제도 놓쳐서는 안 되기 때문에 부담도 큰 편입니다. 때문에 모르는 단어가 나온다거나 상황이 이해되지 않으면 당황하기 쉽고, 듣기평가는 한 문제를 놓치면 그 문제에 매여 다음 문제도 놓치는 경우가 많습니다.

초등 시기부터 이런 대화식 문항에 대비할 필요는 없지만 다양하게 듣고, 무엇보다 영어에 자신감을 잃지 않아야 합니다. 특히 고등이나 수능 듣기평가는 고등학교에 가서 따로 공부할 수 있는 것이 아니라서, 사실상 초등 고학년에서 중학교 1학년 자유학기제/자유학년제에 해당하는 기간 동안 충분히 준비가 되어야 합니다.

ETS에서 실시하는 시험 중 토플 프라이머리는 만 8세 이상의 어린이들을 대상으로 만들어진 시험입니다. 토플 주니어는 만 11세 이상을 대상으로 합니다. 시험을 보게 하라는 게 아닙니다. 토플 프라이머리의 스피킹 테스트 문제 유형을 살펴보면 우리 아이들이 어떤 부분에서 말하기를 준비해야 하는지 명확해집니다. 각 유형들은 미국 초등학교 교실에서 정말 일상적으로 이루어지는 내용을 다루고, 실제로는 주어진 그림을 보고 묘사하는 내용이 주를 이룹니다.

---

## TOEFL Primary Speaking Test Sample Questions
### 토플 프라이머리 스피킹 테스트 샘플 문제

**Expressing Opinions**
의견 제시하기 (사자, 앵무새, 악어 중 좋아하는 동물을 고르고 왜 좋아하는지 말하기)

**Giving Directions**
일의 순서 말하기 (소년이 새장에 먹이를 주는 네 칸의 그림을 보고 일을 하는 순서 말하기)

**Describing a Picture**
그림 묘사하기 (주어진 그림에서 이상한 점들을 골라 말하기 예: 버스의 바퀴가 사과이고 운전사가 기린인 것 등)

**Retelling a Story**
다시 설명하기 (원숭이가 사육사 몰래 열쇠를 숨기는 장면을 보고 사육사에게 설명해 주기)

**Making Requests**
부탁하기 (사육사에게 호랑이를 보러 가도 되는지 물어보기)

**Asking Questions**
질문하기 (사육사가 아이들에게 호랑이에 대해 3가지 질문을 하라고 함)

---

https://www.ets.org/toefl/primary/prepare.html로 가셔서 맨 아래 Speaking Test Sample Questions를 클릭하시면 위에 설명한 여섯 문제를 직접 보실 수 있습니다. 아이와 함께 해 보면 말하기 학습을 어떻게 시작하면 좋을지 쉽게 힌트를 얻을 수 있을 겁니다.

인스타그램〉 내 스토리〉 카메라〉 릴스로 가셔서 를 누르면 다양한 효과를 주어 영상을 녹화할 수 있습니다. 영어책을 소리 내어 읽는 것이나 간단한 주제로 이야기하기, 그림이나 사진 보고 이야기하기 등 매일의 간단한 말하기 활동을 녹음해 보면 좋습니다. 웃긴 효과도 많아 영어 말하기의 부담을 확 낮추고 즐겁게 루틴으로 만들어 볼 수 있습니다.

## 04

# 눈으로 책을 술술 읽는다

교포나 유학생 가족 아이들이 미국에 살면서 영어를 배우면 제2언어, 즉 second language로 배우는 것이고, 우리 아이들이 우리나라에서 배우면 외국어, 즉 foreign language로 배우는 것입니다. 두 환경의 차이는 영어의 노출 정도에 있습니다. 일상생활에서 다양하게 영어를 접하고 또 실제 말하거나 써야 할 동기를 강하게 주는 제2언어 환경에 비해, 외국어로서의 환경은 한계가 많습니다. 이것을 극복할 수 있는 최선의 방법은 역시 책 읽기입니다. 책은 본인이 읽고자 한다면 제한 없이 얼마든지 할 수 있으니까요.

우리 아이들이 영어책을 읽는 방법은 다양합니다. 오디오북을 듣기도 하고, 소리 내어 읽기도 하고, 눈으로 읽기도 합니다. 책을 읽은 후에는 간단한 독해 문제로 책 내용을 제대로 이해했는지 확인하기도 하죠. 아이들이 책을 읽고 몇 가지 문제를 맞히면 부모님들은 그것을 리딩 수준으로 받아들입니다. 영어책을 읽고 문장을 해석할 수 있으면 책을 '읽었다'고 생각하기도 하지요. 하지만 에이알AR이나 렉사일Lexile 지수가 올라가고, 교재 수준이 착착 높아지면 읽기 과정은 잘 되고 있는 걸까요?

하루는 책 대여점에서 아이들을 관찰할 기회가 있었습니다. 대규모 아파트 단지 내에 있는 곳이라 책을 빌리거나 반납하러 온 부모님과 아이들로 북적이는 곳이었죠. 태권도를 방금 마친 듯한 남자아이 하나가 도복 차림으로 들어섰습니다. 기특하게도 영어책 몇 권을 대여하고 앉아서 읽기 시작했습니다. 아이는 낄낄 웃어가며 책장을 넘겼고, 제법 책 읽는 데 몰입한 것처럼 보였습니다. 친구들이나 부모님들 눈에는 그렇게 보였을 것입니다. 장난기가 발동한 저는 아이에게 쓱 말을 붙였습니다. "너 그림만 보는구나?" 아이는 깜짝 놀라며 "어? 어떻게 아셨어요?" 하며 신기해했습니다. 책 대여점 기록에 그 아이는 영어책을 성실하게 많이 빌려 본 아이로 남을 겁니다. 그 아이의 부모님은 나중에 이렇게 말씀하시겠죠. "영어책을 그렇게 많이 읽었는데도 왜 영어를 못할까요?"

책은 속으로든 겉으로든 소리 내어 읽을 줄 알아야 하고 그 내용을 이해할 줄 알아야 읽은 것입니다. 전집을 들여놓는다고 또는 책장만 넘긴다고 읽은 게 아니죠. 미국 초등학교에서는 책 한 권을 가지고 몇 주간 수업을 합니다. 〈폴라 익스프레스The Polar Express〉는 크리스마스이브에, 한 소년이 파자마 차림으로 기차를 타고 산타 할아버지를 만나러 가는 내용입니다. 이 책을 읽는 동안 수업 시간에는 책의 시간적 배경이 되는 크리스마스에 대해 배우고, 공간적 배경이 되는 극지방에 대해서도 배웁니다. 크리스마스에 얽힌 각자의 경험과 추억을 이야기하기도 하지요. 기차를 그리거나 만들기도 합니다. 물론 책에 나온 단어도 배우고, 글을 시간 순으로 나열하기도 하고, 주인공 입장에서 생각해 보기도 하고, 등장인물들에 대해서도 이야기합니다. 독해 문제를 풀기보다는 다양한 그래픽 오거나이저로 독후 활동을 하고, 마지막 수업 날에는 모두 파자마를 입고 학교에 와서 책에 나온 아이들처럼 코코아를 마시며 〈폴라 익스프레스〉 영화를 감상합니다. 이렇게 해서 책 한 권을 읽습니다. 아이들에게 이 책은 어떤 느낌으로 남을까요?

〈납작이가 된 스탠리Flat Stanley〉는 메모판에 눌려 납작해진 아이가 세상을 여행하는 내용입니다. 미국 초등학교에서는 이 책을 읽고 난 후 아주 특별한 활동을 합니다. 납작해진 스탠리를 그려서 오린 다음 봉투에 넣어 먼 지역에 사는 지인에게 보내는 겁니다. 스탠리를 받은 사람은 스탠리가 그곳에 다녀갔다는 인증을 담아 다시 아이에게 보내 주는 것이죠. 실제 납작해진 스탠리가 편지 봉투에 담겨 여행을 하는 것처럼 말이죠. 미국 대통령들도 예외는 아니어서 인터넷을 검색해 보면 스탠리와 함께 찍은 대통령 사진들도 쉽게 찾아볼 수 있을 정도입니다. 선생님은 미리 부모님께 안내문을 보내 다양한 지역에 사는 지인들의 주소를 부탁합니다. 편지는 전 세계, 또는 미국 전역으로 가고 봉투 안에는 스탠리가 여행하는 지역에 대한 질문지를 함께 넣습니다. 아이들은 다양한 지역에서 도착한 질문지와 기념품을 보면서 그 지역에 대해 수업을 합니다. 책 읽기가 사회 공부로 연결되는 것이죠. 이렇게 책 읽기는 책에 대한 이해를 넘어 다른 과목으로, 또 직간접 경험으로 이어집니다.

우리 아이들도 우리말 책을 읽고 나서는 다양한 독후 활동을 합니다. 하지만 유독 영어책은 소리 내어 읽을 줄 알고 해석할 수 있으면 다 된 것이라고 생각하는 경우가 많습니다. 이렇게 하면 아이들은 영영 영어를 외우고 해석해야 하는 '일'로만 받아들입니다. 영어책도 읽고 제대로 내용을 파악하고 그것을 통해 감동을 받거나 새로운 지식을 얻게 되는 경험이 쌓여야 영어를 목적이 아닌 수단으로 받아들이게 되고, 이는 영어 공부의 성공으로 이어집니다. 그러기 위해서는 영어책을 읽고 북리포트 활동을 통해 책을 온전히 자기 것으로 받아들이는 과정이 꼭 필요합니다.

## 질문하고 답하기로 하는 독후 활동

물론 우리나라 환경에서 영어는 시험 과목일 수밖에 없으니 그에 대한 대비도 해야 합니다. '워시백 효과Washback Effect'라는 것이 있습니다. 보통은 공부한 내용을 평가하기 위해 시험을 치르지만, 학습자나 가르치는 사람은 시험에 출제되는 문제의 방향대로 공부를 하게 된다는 것입니다. 여기에는 장단점이 있지만, 그것을 떠나 부모님이 독해 시험의 유형을 미리 알고 계시면 책을 읽으며 질문을 하거나 학습의 방향을 정할 때 도움이 됩니다.

초등생용 토플인 토플 프라이머리의 독해 문제를 볼까요? 독해 문제 역시 초반은 그림 묘사입니다. 그림을 주고 그 그림을 잘 묘사하는 문장 또는 단어를 고르게 합니다. 주어진 글의 목적이나 요지, 세부적인 내용을 묻기도 하지요. 이것을 책 읽기에 한 번 적용해 볼까요? 그림책의 삽화를 보고 "돼지는 왜 이렇게 놀란 것 같아?" 하고 물어보면 그것이 바로 그림 묘사 문제입니다. "아까 그 사람은 왜 냄비에 돌멩이를 넣고 끓였어? 돌멩이 말고 또 뭐 뭐 넣은 거야?" 하고 물어보면 글의 요지와 세부 내용까지 물어본 게 됩니다. 간단한 것 같지만 부모님한테서 들은 이러한 질문에 익숙해지면 아이들은 삽화를 한 번 더 들여다보게 되고, 스스로 글의 요지와 세부 사항도 생각하면서 글을 읽게 됩니다.

무조건 많이 읽고 리딩 레벨을 올리는 것에만 주력하기보다는, 질문이나 북리포트와 함께 읽으며 생각할 수 있는 시간을 주서야 합니다. 질문도 굳이 영어일 필요는 없습니다. 아이 역시 영어로 대답을 할 필요는 없습니다. 다만 이러한 질문과 대답을 위한 시간을 정성스럽게 만들어 주시면 됩니다. 발음은 오디오북에 맡기고 모르는 단어는 네이버 단어 사전을 함께 찾아보면 됩니다. 부모님은 좋은 질문을 해 주는 것으로 충분합니다.

미국 초등학교에서 1학년 아이 두 명을 비교 관찰하는 연구 수업을 한 적이 있습니다. 모두 교포 가정의 아이들이었는데, 처음에는 비슷했던 영어 실력이 1년 후 엄청난 차이를 가져와서 그 원인을 찾고자 한 것이었습니다. 물론 여기에서 말하는 영어 실력은 생활영어가 아니라 수업 중에 이루어지는 학교 영어 영역입니다. 영어 실력이 전혀 늘지 않은 아이의 부모님은 교포 출신이라 영어를 잘했고, 영어가 월등히 성장한 아이의 부모님은 이민 온 지 얼마 안 돼서 영어를 거의 못하는 분들이었습니다. 동네 도서관에서 만난 두 번째 사례 아이의 어머니 말씀이 생각납니다. "저는 영어를 못해서 아이에게 해 줄 수 있는 게 없었어요. 그래서 매일 도서관에 와서 같이 책을 읽었어요." 영어를 몰랐던 엄마는 아이에게 책 내용을 묻고 아이는 엄마에게 책 내용을 설명해 주었을 겁니다. 이 어머니는 자신도 모르는 사이에 훌륭한 독후 활동을 해 주고 계셨던 거죠. 두 아이의 학교 영어 실력을 가른 건 바로 이것이었습니다.

앞서 언급한 것처럼 책 읽기는 제대로 소리 내어 읽을 수 있는 능력과 그 내용을 제대로 이해하는 능력을 말합니다. 따라서 아이들이 책 읽기를 잘하고 있는지 역시 두 가지 부분에서 점검해 주어야 합니다.

### 소리 내어 읽을 수 있는지
### 점검하기

오랫동안 파닉스와 씨름해서 영어책을 읽게 되고 이제야 제대로 책을 읽는 것 같은데 새삼 소리 내어 읽는 것을 점검해야 하나요? 부모님들은 의아해하실 수 있습니다. 하지만 파닉스 책은 파닉스 원리를 벗어나지 않는 단어로만 구성된 책들이고, 그 이후에 읽는 초보 단계의 책들은 주로 사이트워드, 즉 빈출 단어로 이루어져 있습니다. 진짜 파닉스의 힘이 필요한 때는 오히려 처음 보는 긴 단어들이 등장하는 중급부터입니다. 이때 의외로 제대로 책을 읽지 못하는 아이들이 있습니다. 특히 같은 학원에서 쭉 레벨이 올라간 아이의 경우 그저 학원 진도에 따라 책만 바꿔 드는 경우가 많지요. 붙잡고 읽어 보라고 하면 소리 내어 읽지 못하는 믿지 못할 광경이 벌어지기도 합니다. 오디오북으로만 책을 읽어 온 아이의 경우 더욱 조심해야 합니다. 당장은 반복해서 들은 소리를 흉내 내는 것으로 읽을 수 있다고 착각할 수 있으니까요. 아이가 보는 책의 그림을 가리고 앞뒤 문맥이 없는 상태에서 단어를 읽게 해 보세요. 문장을 읽게 하면 외워서 때려 맞힐 수 있기 때문에 단어로 테스트해 보는 것이 좋습니다. 파닉스를 사용해서 처음 보는 단어의 소리를 만들어 낼 수 없다면 고통스럽지만 다시 파닉스 과정을 짚어 주어야 합니다. 단, 처음처럼 장시간에 걸쳐 하는 게 아니라 빠르고 집중적으로 다시 한번 복습해 주는 것입니다. 많이

들어서 유창해지는 것도 중요하지만 서툴더라도 스스로 소리를 내어 보려고 시도하는 과정이 반드시 필요합니다. 영어에는 수많은 예외가 존재하고 파닉스 규칙을 따르지 않는 단어도 많지만, 여전히 이러한 과정은 중요합니다.

## 북리포트로 독후 활동하기

소리 내어 읽기만 해서는 책 읽기라고 할 수 없겠죠? 문장을 해석만 했다고 영어책 읽기가 끝났다고 보면 안 됩니다. 영어책도 우리말 책처럼 책을 읽고 하는 독후 활동이 중요합니다. book report를 쓰는 방법은 정말 다양하고 아이들일수록 그 다양한 과정 속에서 많은 것을 얻습니다. 등장인물에 대해, 이야기의 순서에 대해, 원인과 결과에 대해 표나 그림으로 정리해 보는 활동은 글을 정확히 이해하고 기억하는 것을 넘어 글의 구성 방식을 자연스럽게 익혀 가는 효과가 있습니다. 어린 시절에 이렇게 이야기의 틀을 다양하게 논리적으로 익혀 놓으면 이는 읽기뿐 아니라 작문, 말하기, 나아가 듣기에도 적용이 됩니다. 후에 독해 시험에도 대비가 되는 것은 말할 것도 없고요. 당장 다양한 접근이 어렵다면 우선 '시작-중간-끝'의 3단으로 글을 요약해 보는 활동을 시작해 보세요. 습관이 되면 책을 접할 때 아이 스스로 이야기의 흐름을 생각하며 읽게 됩니다. 아이와 다양하게 할 수 있는 독후 활동 포맷을 다음에 제시합니다.

북리포트 샘플 (〈Writing T Kids 북리포트〉 중에서)

## Ready for book summary

**Characters** _____ **Setting** _____

**What happened at the beginning of the story?**

The caterpillar wants to play with friends.

**What happened in the middle of the story?**

The snail, ant, and spider are all busy.

**What happened at the end of the story?**

The _____ , _____ , _____ , and _____
play together.

**샘플 1**

이야기를 시작(beginning) ― 중간(middle) ― 끝(end)으로 나누어 보는 가장 기본
적인 북리포트 활동입니다. 소설을 발단과 전개/위기/절정, 그리고 결말로 나누는
활동이나 이야기를 기승전결로 나누어 보는 것을 단순화했다고 생각하시면 됩니다.

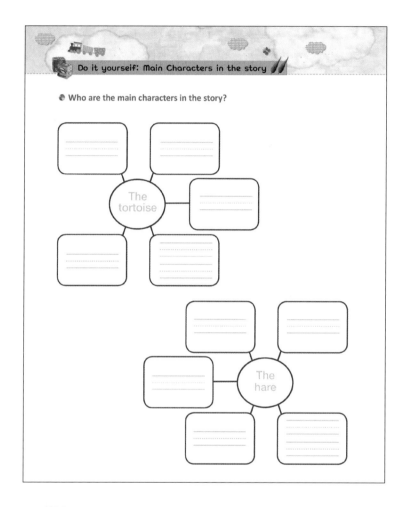

Do it yourself: Main Characters in the story

❧ Who are the main characters in the story?

**샘플2**

그래픽 오거나이저 한가운데에 등장인물을 적고, 그 주변에 등장인물의 특징을 적어 보는 활동입니다. 주인공이나 주요 인물을 골라 이렇게 정리해 보면 시간의 흐름으로 글을 정리하는 것과는 또 다른 방식으로 글을 이해할 수 있게 됩니다.

**Do it yourself: Observation Chart(Five Senses)**

🌀 What do you see, hear, touch, taste, and smell in the story?

| 👁 see | 👂 hear | 🖐 touch | 👄 taste | 👃 smell |
|--------|---------|----------|----------|----------|
|        |         |          |          |          |

Unit 6 Fly, Eagle, Fly 31

**샘플3**

역시 미국 초등학교에서 많이 사용하는 표 중의 하나로 오감 차트입니다. 이야기에서 본 것, 들은 것, 만지는 것, 맛보는 것, 냄새 맡는 것을 정리해 보는 활동입니다. 좀더 구체적으로 이야기를 기억하고 이야기 구성 방식을 떠올려보는 데 효과적입니다.

평가원에서 밝힌 수능에서의 읽기와 듣기에 대한 평가는 크게 네 가지로 중심 내용 파악, 세부 정보 파악, 논리적 관계 파악, 맥락 파악입니다. 특히 읽기 관련 문항은 비중도 가장 크고, 흔히 킬러 문제라고 하는 1등급 여부를 가르는 핵심 문제들을 담고 있습니다. 지문은 일상생활 관련 소재부터 인문, 사회, 예술, 과학과 같은 다양한 분야를 다룹니다. 학생들은 이러한 논픽션, 즉 비문학 지문 읽기에 익숙해야 하고 글을 읽으면서 요지를 파악하는 것은 물론 글 속에서 해답의 단서나 근거가 되는 부분을 찾아 답을 추론하는 훈련이 되어야 합니다.

### 수능에서 묻는 읽기 관련 질문들

○ 글의 제목으로 알맞은 것은?
○ 다음 글의 내용과 일치하는 것은? (도표, 그림 등 시각 자료 이용)
○ 다음 빈칸에 들어갈 말로 가장 적절한 것을 고르시오. (빈칸 추론)
○ 다음 글의 목적으로 가장 적절한 것은? (필자의 의도)

물론 수능이 영어 읽기의 목표는 아닙니다. 하지만 수능에서 어떤 질문을 하는지를 파악하고 있는 건 초등 고학년 아이들에게도 중요합니다. 학습의 방향을 설정하는 건 물론, 아이들이 성장하여 영어로 된 글을 읽는 목적과도 연관이 있으니까요. 우리 아이들이 힘들게 시간을 내서 영어를 배우고 영어책을 읽는 것은 결국 어떤 글을 보았을 때 그 글의 요지와 목적, 구체적인 내용, 또는 논리적인 전개를 이해하기 위해서입니다. 이러한 글 읽기의 목적은 고스란히 시험 문제와 일치합니다.

초등교육으로 유명한 어느 유튜버가 한 얘기가 참 인상적이었습니다. 멀리 볼수록 무조건 유리하다고 생각한다는 것이었습니다. 초등 저학년에는 6학년을, 초등 고학년에는 고등학교 과정을 관심을 가지고 '봐 둔다'고 하며, 봐 두면 무조건 도움이 된다는 얘기였습니다. 전적으로 동의합니다. 당장 아이에게 무언가를 더 시키기 위해서가 아니라 이렇게 먼 데 시선을 두고 가는 것은 방향을 잃지 않는 데 도움이 되고, 역으로 현재의 사소한 고민들을 해결하는 데 의외로 해답을 주기도 합니다. 부모가 큰 그림을 가지고 멀리 보는 것은 매우 중요합니다.

## 〈읽기〉에 도움이 되는 자료들

### ▶ Enchantedlearning.com

미국 초등학교 선생님들이 실제로 많이 사용하는 사이트로 다양한 워크시트를 제공합니다. 다만 화면 구성이 다소 혼잡하고 선생님을 대상으로 한 수업 자료 사이트라서 정답이 제공되지는 않습니다. 미국 학교에서는 어떤 활동을 하는지 정도로 살펴보시고 수업 아이디어를 얻는 데 활용하시기 바랍니다.

### ▶ Starfall.com

미국 유치~초등 저학년 단계의 파닉스와 초급 리딩까지 자료를 제공하는 오래된 사이트입니다. 특히 파닉스가 부족한 아이들에게 미국 선생님들이 추천하는 사이트로, 노래와 영상으로 배울 수 있어서 좋습니다. Grade 1, 2, 3로 들어가서 Learn to Read를 클릭하면 무료로 파닉스 콘텐츠를 볼 수 있습니다.

## ▶ Education.com

미국 초등부터 중등까지 엄청난 양의 학습 자료를 제공하는 사이트입니다. 다양한 레슨 플랜과 워크시트로 수업 아이디어를 얻어도 좋지만, 추천하고 싶은 것은 Games 카테고리입니다. By Grade에서 학년을 선택하시고 By Subject에서 Reading & Writing을 선택하시면 파닉스, 사이트워드, 문법, 어휘, 독해 관련 학습용 게임들이 제공됩니다. 영어로 된 지시문이 낯설 수 있지만 아래 학년 내용부터 차근차근 접해 가면 부담 없이 해 볼 수 있습니다. 특히 3학년부터 제공되는 문법과 단어 게임들은 학년별로 어떤 내용을 배우는지 알 수 있고, 자료도 많고 재미있게 구성되어 있어 꾸준히 학습하기에 좋습니다. 이메일로 간단하게 로그인하면 몇 가지 활동을 무료로 해 볼 수 있으니, 아이가 흥미를 보이는지 확인하고서 이용하시면 됩니다.

## 📚 Junior Reading Expert
### NE능률

초등 고학년과 중등 대상의 리딩 교재로 1에서 4까지 레벨로 되어 있습니다. 비문학 지문을 읽고 문제 풀이를 하는 것까지는 여타 리딩 교재들과 비슷하지만, 지문 내용을 요약하거나 그래픽 오거나이저로 정리하는 등의 독후 활동이 좋습니다. 또 비슷한 주제의 짧은 추가 지문을 제시해 주어 읽기를 확장할 수 있습니다. 영영 풀이 형식의 단어 학습과 문장을 이용한 동의어와 반의어 찾기 활동이 있어 유익합니다. 어떤 레벨의 책을 골라야 할지 고민이라면 출판사 홈페이지에서 간단한 레벨 테스트를 통해 아이에게 맞는 수준의 교재를 추천받을 수 있습니다. netutor.co.kr로 들어가셔서 레벨 테스트를 클릭하시면 됩니다.

## 05

# 책을 많이 읽어서 그런지
# 작문 문제의 답도 곧잘 쓴다

우리 아이들은 영작문을 크게 두 가지 방법으로 공부합니다. 문장의 형식을 이용해 개별 문장 만들기 훈련을 하기도 하고, 일기나 주어진 주제에 맞게 글을 써 보기도 하지요. 첫 번째 방식은 영어에 노출이 적은 우리 아이들에게 문장 만드는 법을 알려 주는, 말하자면 게임의 아이템을 만들어 주는 단계입니다. 문장 단위로 쓰고, 딱 떨어지는 정답이 있어서 엄마표 영어에서 주로 선호하는 방식이죠. 두 번째 방식은 어느 정도 문장 구성이 가능한 아이들이 많이 하고 주로 학원에서 많이 합니다. 아이템을 이용해서 하는 실전 게임 같은 것이죠. 물론 두 가지를 병행하는 경우도 많고 두 가지 모두 필요한 과정입니다. 하지만 아이들이 워크북의 빈칸을 가득 채워 나가고, 작문 공책에 한 바닥씩 영어를 적는다고 과연 작문 실력도 늘고 있는 것일까요? 이렇게 하는 것이 맞는지 때로 염려가 되지는 않으신가요?

　우리나라 환경에서 영어를 가르치는 사람으로서 가장 마음이 무거운 부분이 바로 작문입니다. 가장 안타까운 부분이라고 하는 것이 더 맞을지도 모르겠습니다. 얼마 전 강연을 갔던 학원에서 한 학부모가 학원장에게 항의하는 장면을 보게 되었습니다. 아이의 작문 숙제에 선생님이 계속 같은 표현만 쓰지 말고 다른 표현으로 적어 보라며 코멘트를 달고 점수를 깎았다는 것입니다. 다른 표현을 가르쳐 주지도 않았는데 아이가 어떻게 적을 수 있겠냐고 화를 내셨습니다. 아마도 일상의 주제에 맞게 글을 쓰게 하는 두 번째 방식의 작문 숙제였던 모양입니다. 왜 이런 문제점이 생기는 걸까요?


◇　**하고 싶은 말이 있어야 쓰고 싶은 게 작문**


　아이들이 영어를 늦게 시작할수록 자기가 하고 싶은 말과 할 수 있는 말 사이의 괴리는 커집니다. 알고 있는 몇 가지 표현만으로 자세한 이야기를 할 수 없으니 영어 작문에 진심을 담기보다는 그지 단순한 문장으로 분량을 채우기에 급급합니다. 게다가 열심히 써 간 문장에 선생님은 밑줄을 긋고 틀린 부분을 고치기 일쑤니 산(mountain)이 좋다고 쓰고 싶어도 그냥 안전하게 바다(sea)가 좋다

하고 넘어갑니다. 하지만 글쓰기는 말하기와 근본 목적이 같아서 하고 싶은 말이 있어야 하게 되고, 읽고 공감해 주는 사람이 있다고 믿어야 더 쓰게 됩니다. 작문이 수정과 점수 매기기의 대상이 된다면 글을 쓰는 재미가 없어집니다. 재미가 없으니 굳이 새로운 문장을 찾아 쓰려고 하지 않게 되고 결국 악순환의 고리에 들어가고 맙니다. 그렇다면 어떻게 아이템을 마련하고 어떻게 실전을 하면 좋을까요?

### 아이에게 작문 아이템 장착시키기

첫째, 문장 쓰기를 배우는 방법입니다. 여러 가지 문형을 분류하고 연습 문제를 제공하기 위해서 많은 교재들이 어쩔 수 없이 1형식, 2형식 같은 방식으로 문장을 구분하기도 하고, 지각동사, 사역동사 같은 문법 용어를 사용하기도 합니다. 부모님이 보시기엔 깔끔하게 정리되어 있는 것 같지만 아이들 눈에는 외계어처럼 보일 겁니다. 이런 방식의 문형 공부는 고학년이나 옆에서 충분히 설명해 주시는 선생님이 있을 경우에 적합합니다.

작문을 시작한 지 얼마 안 됐다면 문장의 형식보다는 내용을 기준으로 분류하여 접근하는 것이 좋습니다. 그래야 그 안에서 자기가 하고 싶은 표현을 쉽게 찾을 수 있고, 쉽게 응용해서 자기 말로 바꿀 수 있으니까요. 내가 배운 문장이 내가 말하고 싶은 내용을 담고 있어야 아이들은 기억할 가치가 있다고 생각합니다. 문장을 베껴 쓰는 방법도 마찬가지입니다. 아이들이 쓰고 싶을 법한 내용을 베껴 써야 의미 있게 기억이 되고, 그런 문장을 한두 번 써 보는 경험이 쌓여야 학습에 좋은 동기가 됩니다.

두 번째, 초급 단계의 작문은 추상적인 것보다는 눈에 보이는 걸 묘사하는 것이어야 합니다. 문장 쓰는 것을 어느 정도 익히고, 첫 번째 실전으로 일기 쓰기를 시작하는 것은 그런 의미에서 위험합니다. 추상적인 것을 머릿속에서 구체화하는 과정을 한 단계 더 거쳐야 하기 때문에 자칫 이야기가 단순하게 끝나 버릴 수 있습니다. 아이들이 일기를 쓰기 싫을 때, "오늘 친구랑 놀았다. 참 재미있었다." 라고 쓰는 것과 같은 맥락입니다. 그림을 그리거나 사진을 보면서 있었던 일을 적게 하면 그냥 생각을 떠올려 쓰는 것보다 훨씬 글이 풍부해질 수 있습니다.

영어 유치원에서 아이들과 함께 실험적인 작문 수업을 한 적이 있습니다. 종이로 카메라를 만들어 하나씩 손에 들고는 아침마다 유치원을 한 바퀴 돌았습니다. 종이 카메라로 마음에 드는 장면을 하나씩 찍으라고 하고, 교실로 돌아와서 방금 찍은 사진에 대해 써 보기로 했습니다. 결과는 놀라웠습니다. 아이들은 그냥 보고 지나친 것보다 훨씬 생생하게 기억하고 자세히 묘사하기 위해 애썼습니다. 주말에는 카메라를 집으로 보냈습니다. 사진을 한 장 찍어 글을 써 오게 했지요. 자기 방의 푹신한 침대, 인형들, 잠옷 위의 딸기 모양까지 마치 눈에 보일 듯이 묘사한 글에 깜짝 놀랐습니다. 문장은 단순했지만 더 자세히 묘사하고 싶어 애쓴 흔적이 가득했습니다. 글이 짧고 글 쓰는 데 두려움이 있는 아이일수록 그림이나 사진으로 시각화할 수 있는 글쓰기로 시작하는 것이 좋습니다.

영어 작문은 첨삭에 대한 공포가 함께합니다. 그래서 엄마표 영어에서 가장 접근하기 어려운 부분이기도 하고, 학원 숙제 중에서도 최고난도로 체감하는 부분이기도 합니다. 엄마표에서는 아이가 틀리게 쓴 것을 고쳐 주지 못해 작문을 시키지 못하고, 학원에서는 아이가 힘들여 써 온 글에 전부 빨간펜으로 수정해 주면서 아이를 두렵게 만듭니다. 이래저래 영어 문장은 정답이 있다는 생각 때문에 작문 수업은 힘들어집니다. 그렇다면 어떻게 해야 아이들이 신나게 자신의 이야기를 쓰려고 할까요?

### 글쓰기 전에 표를 이용해 브레인스토밍 하기

글쓰기 전에 주어진 토픽에 대해 무엇을 쓸까 생각해 보고 생각나는 대로 표에 적어 보는 겁니다. 단어로 적어도 좋고 그림을 그리거나 간단한 표현을 써도 좋습니다. 예를 들어 '내가 좋아하는 음식'에 대해 쓴다고 해 볼까요? 계획 단계 없이 쓰기 시작한다면 아이는 한두 가지 좋아하는 음식을 적고 맛있다고

**Graphic Organizer**

Subtopic

Subtopic

Topic

Subtopic

쓰는 데 그치기 쉬울 겁니다. 하지만 표에 생각나는 대로 단어들을 적다 보면 좋아하는 음식들 여러 개와 그 음식의 맛이나 차다 뜨겁다는 성질, 혹은 어디

에서 먹었는가 등 문장보다 훨씬 부담 없이 여러 단어를 적게 됩니다. 그 후에 작문을 하게 되면 일단 쓰게 되는 양이 훨씬 길어지고 생각보다 글도 구체적이 되는 효과가 있습니다.

## 아이의 글에 공감하고 귀 기울여주기

기본 중의 기본이지만 사실 제일 제대로 못하는 일입니다. 끙끙대며 어렵게 써 온 글에 부모님이나 선생님이 틀린 문장부터 고치려 든다면 아이 마음은 어떨까요? 어릴수록 아이가 쓴 글에 반응하는 건 신중해야 합니다. 무엇보다 문법이나 철자, 표현의 오류 같은 외적인 것보다 그 내용에 진심이어야 합니다. 누군가 내가 쓴 글을 읽고 이해해 주고 공감해 준다고 느껴야 아이들은 다음에 더 신나게 쓰고 싶어지니까요. 슬펐던 일을 썼다면 "많이 슬펐구나" 하고 공감해 주고, 재미있는 내용을 썼다면 웃어 주는 걸 먼저 해야 합니다. 학원에 다니며 작문 숙제를 하는 경우, 지적해 주는 건 학원 선생님으로 충분합니다. 부모님은 잘 읽어 주는 사람이 되어 주시기를 당부드립니다. 엄마표로 하는 경우에 엄마가 반응과 수정을 모두 담당해야 하는 부담이 있지만, 이 역시 그 비중은 반응이 더 커야 합니다. 아이들의 경우 성인과는 error correction(오류 수정)도 달라야 합니다. 틀린 부분에 바로 빨간 줄을 그어 수정해 주어도 아이들은 틀린 것을 바로잡지 못합니다. 그보다는 아이가 자주 하는 실수를 모아 해당 부분을 연습 문제로 충분히 해 보는 것이 더 좋습니다. 예를 들어 명사를 복수형으로 표현하는 걸 자주 틀린다면 복수형 만들기 수업을 한 번 하고 스스로 틀린 것을 고치게 하는 것입니다. 틀린 부분에 밑줄만 먼저 그어 놓고 아이가 문제점을 스스로 발견해서 고칠 수 있게 되면 제대로 영어 공부가 된 셈입니다.

평가원에서 제시하는 수능에서 작문 능력을 평가하는 방식은 다음과 같습니다.

> **간접쓰기** 간접쓰기 능력이란 글의 전체적인 맥락과 문장 간의 논리적 흐름을 파악하여 가상의 글쓰기에 적용할 수 있는 능력으로서, 읽기 자료를 통해 흐름에 무관한 문장이나 주어진 문장의 적합한 위치 파악, 글의 순서 파악, 그리고 문단을 요약할 수 있는 능력을 의미한다.

　수능에는 직접적인 쓰기 평가 문항이 없기 때문에 결국 여러 단락의 글을 주고 논리에 맞게 글의 순서를 배열하는 것을 기본으로 합니다. 4개 정도의 단락을 읽고 글의 중심 내용을 빠르게 파악하고 어떤 문단이 어떤 문단 앞뒤로 들어가야 하는지 알아야 하기 때문에 수능 문제 중에서도 고난도 문제에 속합니다. 게다가 내용 또한 추상적이고 학술적이어서 사실 우리말 해석을 읽고도 학생들은 "무슨 소리야?" 하기 일쑤인 문제입니다. 시간이 오래 걸리니 이 문항들을 위해 앞의 쉬운 문제들은 빠르게 풀어야 하는 부담도 생깁니다.

　문제 형식에 익숙해지고, 글 속에 단서가 되는 표현들을 이용하는 걸 훈련하는 것이 고등학교 때 할 일입니다. 빠른 해석을 위해 단어를 꾸준히 외우고 단락별 중심 내용을 파악하는 연습도 물론 필요합니다. 하지만 이런 연습만으로는 문제를 정확하게 풀어내기 어렵습니다. 주제에 맞는 글을 스스로 구성해 보는 연습, 즉 글의 도입부를 짜 보고 세부적인 내용으로 논지를 구체화하고 마무리하면서 정리하는 글을 직접 써 보는 연습이 충분히 되어야 합니다. 물론 현실적으로는 고등학교 때 이러한 활동을 할 시간이 없다는 것이 문제입니다. 초등 고학년에서 중학교 시기 동안 글을 읽고 beginning-middle-end로 이어지는 요약(summary) 활동을 습관화하고, 또 주어진 주제에 맞게 그러한 글을 써 보는 훈련이 꼭 되어야 하는 이유입니다. 초중고 영어 학습은 듣기와 읽기, 즉 인풋에만 집중되어 있지만 우리 아이들이 대학에 가고 사회에 나갔을 때 정작 필요한 것은 네 개 중에 답을 고르는 영어가 아닙니다. 시간이 걸리고 더디 가는 것 같지만 말하기와 쓰기도 함께 학습이 되어야 언어의 4대 영역 모두 발전하게 됩니다.

토플의 writing test 역시 예전에는 단순히 주제를 주고 쓰게 하는 것이었지만, 요즘에는 긴 지문을 읽고, 관련한 내용을 들은 후 글을 쓰게 하는 형식도 추가되었습니다. 읽기, 듣기, 쓰기가 모두 융합된 형태로 좀 더 현실의 언어 사용 모습과 가까워지고 있는 것입니다.

## 📖 문법이 쓰기다 키출판사

〈초등 첫 영문법, 문법이 쓰기다 Starter〉가 1, 2권, 〈초등 영문법, 문법이 쓰기다〉가 1, 2권으로 구성되어 있습니다. 초등 저학년이나 문법을 처음 공부한다면 Starter로 시작하면 좋을 듯합니다. 그림을 이용해서 문법 내용을 정말 간단명료하게 설명합니다. '골라보면 문법이 저절로' 〉'비교해보면 문법이 저절로' 〉'고쳐 써보면 쓰기가 저절로' 단계를 거치면서 문법 개념을 익히고 그것을 문장까지 연결해서 써 보게 합니다. 추상적으로 문법 개념을 설명하는 문법책들에 비해 훨씬 쉬워서 매일 조금씩 해 보기에 좋습니다. 무엇보다 초등 저학년부터 중학 단계까지 단계별로 되어 있어 읽기, 쓰기 등을 공부하며 문법도 차근차근 병행할 수 있습니다. 키출판사 홈페이지 'englishbus.co.kr 〉수강신청 〉문법이 쓰기다'로 가시면 유료로 강의도 들을 수 있습니다. 문법을 지루해하거나 혼자 공부하는 걸 어려워하는 아이라면 맛보기 강의를 들어 보게 해 주세요.

## 📖 Spectrum Language Arts
### Carsondellosa Education

미국의 대표적인 영어 교재 Spectrum 시리즈 중에서 문법/어법/작문 기초까지를 담고 있는 책입니다. 유치원(K)부터 중학교 3학년(8학년)까지 모든 단계를 갖추고 있으며, 실제 미국 학교에서 혹은 홈스쿨링 교재로 많이 쓰입니다. 가장 주목할 부분은 Writer's Guide로 실제 주제에 맞추어 글을 쓰는 과정을 배울 수 있습니다. 그래픽 오거나이저를 이용한 Planning 단계 〉작문을 하는 Writing 단계 〉글을 검토·수정하는 Revising 단계 〉문법적인 오류가 없는지 맞춤법 등을 점검하는 Proofreading 단계 〉완성된 글을 제출하거나 발표하는 Publishing 단계까지가 어떻게 이루어지는지 배울 수 있습니다. 우리말 설명이 없어서 편하게 이용할 수는 없지만, 아이의 영어 수준에 따라 꾸준히 공부하는 믿음직한 교재가 될 수도 있습니다.

## 06

# 문법을 한 번 돌렸더니
# 문장을 틀에 맞게 잘 해석한다

---

우리 아이들에게 영어 문법은 참 무거운 돌 같은 존재입니다. 재미있던 영어도 문법책을 받아든 순간 외계어로 가득한 장애물이 되고 마니까요. 부모님들도 이미 같은 경험을 해 보셨겠지만, 부모님 세대는 '영어 = 문법'이라는 틀을 가지고 계시니 그 무거움이 더하실 겁니다. 그래서 중학교 입학을 앞두고 빠르면 5학년부터, 보통은 6학년이면 '문법을 한 바퀴 돌려야 할 텐데…' 하는 생각을 하십니다. 그리고 아이들이 문법책에 나온 능동 문장을 수동으로 바꿔 쓰고, 가정법 과거니 과거완료니 하는 문장을 쓸 수 있게 되면 무언가 준비가 착착 되어 가고 있다고 생각하기도 합니다. 영어가 늘지 않을 때는 문법이 안 돼서 못하는 걸로 착각하는 경우도 많고요.

## ◇ 문법을 한 바퀴 돌린다의 잘못된 의미

'문법을 한 바퀴 돌린다'는 말은 두 가지 의미에서 틀린 말입니다. 우선 문법은 돌리면 돌아가는 바퀴가 아닙니다. 더욱이 한 바퀴로는 말도 안 됩니다. 미국 아이들 역시 2학년에도 3학년에도 4학년에도 해마다 계속 어법(language art) 수업을 듣는데, 우리 아이들이 어떻게 '한 바퀴'로 문법이 '어지간히' 됐다고 할 수 있을까요? 중학교 입학을 앞두고 단번에 너무 많은 문법 내용을 한 번에 끝내느라 쉬운 내용도 어렵게 배우고 있습니다. 게다가 문법은 읽기, 듣기, 쓰기와 함께 성장해야 의미가 있는 것이지 따로 열심히 공부한다고 생명력을 가지는 부분이 아닙니다. 요즘은 부모님 세대처럼 문법 문제만 따로 시험에 나오는 경우가 거의 없기 때문에 더욱 그렇습니다.

두 번째 이유는 중등 내신을 위해 우리 아이들이 배우는 대부분의 문법은 영어 실력을 성장시키는 것과 거의 연관이 없습니다. 그저 지각동사니 사역동사니 하는 문법 용어에 익숙해져서 수업을 따라가는 데는 의미가 있겠지만 아이들이 힘들게 한 권을 다 공부한다고 해서 영어 문장의 구조를 이해한다고 말하기는 어려운 내용들이니까요. 단어도 문장으로 배우고, 앞뒤 맥락이 있는 문단 속에서 배워야 세대로 배우는 것처럼, 문법도 어려운 문법 용어를 아는 게 공부가 아니고, 문장과 지문 속에서 표현과 함께 배우고 외워야 하는 것입니다. 욕조에 물을 받아 놓고 아무리 수영 연습을 해도 바다에 나가면 소용이 없는 것처럼, 학습 계획 단계부터 준비가 잘 되어야 실전에서 쓰일 수 있게 됩니다. 그저 때 되면 한 바퀴 돌리면 된다는 생각은 참 위험합니다.

너무 이상적인 이야기인가요? 현실은 그렇지 않은데 어떻게 하면 되느냐고 생각하실 겁니다. 아이들이 학년이 올라가면서 영어를 포기하는 여러 지점 중 문법 때문인 경우가 분명히 있습니다. 그렇지만 부모님이 생각하시는 것처럼 문법이 어려워서 포기하지는 않습니다. 어렵게 공부한 문법이 아무데도 쓰이지 않아서 공부에 흥미도 동기도 잃어가는 거지요. 물론 아이들은 "문법 때문에 영어에 흥미를 잃었어요"라고 말할 줄 모릅니다. 시간이 한참 지난 어느 날, 영어 성적이 떨어지고 시험 때만 되면 문법 때문에 머리가 아프다고 부모를 화나게 하면서 구조 신호를 보내올 겁니다.

◇ **올바른 방향으로 가는 문법 공부 대책**

그럼 앞의 두 가지 지적에 대해 대책을 마련해 볼까요? 우선 '문법 한 바퀴'의 틀에 갇혀 '때'를 기다리는 문법 학습의 문제입니다. 초등 시기에 to부정사니 분사니 가정법이니 하는 용어들은 아이들에게 외계어이고 공포의 대상입니다. 우리나라 문법 교육은 오히려 영어에 정을 떼게 하는 기막힌 효과를 낳지요. 하지만 문법이나 어법 자체는 그렇게 어렵고 무서운 존재가 아닙니다. 미국 초등 1학년이 배우는 문법책 1장은 Sentence(문장)입니다. 과연 '문장'이 뭐지? 선뜻 대답하기 힘드시죠? 하지만 문장이 무엇인지 그 개념을 정확히 알아야 아이들은 '불완전한 문장'을 쓰지 않습니다. 미국 초등 아이들 작문 숙제에 선생님들이 가장 많이 체크하는 항목이 fr 즉, sentence fragment(불완전 문장)입니다. 그럼 1학년에게 문장은 뭐라고 말해 줄까요?

A sentence has a whole thought.
(문장은 완전한 생각을 담고 있는 거야.)

| Sentence (문장인 것) | Not a sentence (문장이 아닌 것) |
|---|---|
| The dog ran. 그 개가 달렸다 | The dog. 그 개 |
| Bob hits the ball. 밥이 공을 찬다. | Hits the ball. 공을 차다 |

문장이 무엇인지 확실히 알 수 있지 않나요? 그 흔한 주어니 동사니 보어니 같은 말을 하지 않고도 아이들은 문장이 무엇인지 감을 잡아 갑니다. 학년이 바뀔 때마다 주어, 서술어에 대해서도 배우고 평서문, 의문문, 명령문에 대해서도 차근차근 배워 갑니다. 문장이 무엇인지 알기 위해 6년 동안 조금씩 어려운 어휘와 긴 문장을 통해 개념을 반복 확장해 가는 것입니다. 6학년이 되어 갑자기 "문장은 주부와 술부로 되어 있는데, 주부는 명사나 명사 상당어구로

써야 하고 술부는 동사로 써야 해"라고 듣게 되면 이것은 거의 문법과 정면 충돌 사고가 나는 것과 같습니다. 아이들의 어휘가 자라고 독해력이 자라는 것과 같이 발 맞춰 문법도 차근차근 배워 갈 수 있으면 정말 최선의 방법이 될 것입니다. 따라서 문법 교재는 한 권으로 된 것보다는 여러 권으로 나누어져 친절하게 다루는 것을 고르시고, 가능하면 레벨별로 여러 단계로 설명해 주는 것을 선택하시면 좋습니다.

두 번째 문제인 문법과 영어 실력이 잘 연결되지 않는 것은 어떻게 하면 좋을까요? 동사의 3인칭 단수형을 배우는 단원에서 "다음 중 틀린 부분을 고치시오" 하면 당연히 답은 동사입니다. 일단 동사에 밑줄 긋고 거기에 기계적으로 s를 붙이는 것으로 아이들은 그 단원을 훌륭히 잘 마칩니다. 하지만 시험에서 "다음 문장에서 틀린 부분을 찾으시오" 하면 답을 찾지 못합니다. 여러 문법 요소가 섞여 있으니 무엇이 잘못됐는지 알기 힘든 것이죠. 그래서 단원별로 문법을 익힌 후에는 통합해서 보는 훈련을 해야 합니다. 이 문장의 어디가 틀릴 수 있는지 보는 눈을 기르는 것이죠. 그러기엔 중등 교과서만 한 것이 없습니다. 그래서 중학교에 가면 교과서 문법 학습을 충실히 해 주세요. 문법 다지기에 최고의 환경입니다. 그때 그때 나오는 문법 요소를 본문 안에서 꼭 짚고 넘어가 주세요.

## 문법은 공식보다
## 예문을 외운다

개념을 달달 외우고, 공식을 외우는 것이 문법이라고 생각하시나요? 개념은 문제를 풀면서 분명히 알아가고, 공식을 외우기보다는 대표 예문을 외우는 것이 왕도입니다. 예를 들어 '문장의 4형식 = 주어 + 동사 + 간접목적어 + 직접목적어' 하고 외우기보다는 각각의 문장 성분, 즉 주어가 무엇인지, 동사가 무엇인지 등 개념을 파악하고 I gave him a book.(나는 그에게 책을 주었다.) 하고 문장을 외워 4형식을 기억하면 됩니다. 현재완료의 계속, 경험, 결과를 구분 지어 이해하고 싶다면 개념을 외우지 말고 각각의 예문을 하나씩 외워서 기억하라는 의미입니다.

## 문법 내용 낚시하며
## 책과 영화 보기

문법이 문법책에만 있지 않고 책의 표현이나 영화 대사에도 쓰이는 것을 알면 아이는 학습에 재미를 붙일 수 있습니다. keep + ~ing라고 동사의 쓰임을 외우면 잊기 쉽지만 '니모를 찾아서'에서 도리가 "Just keep swimming ~" 하면서 노래 부르는 것을 들으면 바로 외워지고 잊히지 않으니까요. 아이와 책이나 영화를 보면서 배운 문법 내용 찾기 게임을 한다거나 하루에 한두 문장씩 외우기를 한다면 살아 있는 문법을 보면서 문법 규칙도 익히고, 문장을 외워 작문이나 말하기에 쓸 수도 있습니다.

수능에서 문법은 딱 한 문제가 출제됩니다. 물론 기본적으로 문법을 알아야 지문을 읽고 이해해서 다른 문제를 풀 수 있지만, "다음 중 어법상 틀린 것은?" 하고 명시적으로 묻는 것은 한 문제입니다. 중고등학교 시절 내내 죽자고 문법책만 팠는데 좀 허무하지요? 머리 아픈 가정법도 수동태도 문법책에서 공부한 것처럼 문장을 바꿔 보라고 나오지 않습니다. 개별 단원의 문법 내용을 깊이 파서 한 번에 끝낸다고 생각하기보다는 핵심 개념과 예문 암기 위주로 여러 번 꾸준히 봐 가는 것이 좋은 학습법이 될 것입니다.

## 🌐 ixl.com

20년 넘은 온라인 교육업체 사이트입니다. 유치원부터 고등학교 12학년까지 학년별로 수학, 영어, 과학, 사회에 관한 온라인 퀴즈를 제공합니다. 예를 들어 1학년 코너에 영어 관련 학습 게임을 원하면 First grade에서 Language arts 옆 188 skills를 클릭하면 됩니다. 1학년에는 파닉스와 사이트워드에 관한 게임들이 있고, 2학년부터 reading 학습법이, 3, 4 학년으로 올라가면 과학과 사회 관련 좋은 질문들이 게임 방식으로 주어집니다. 단어나 문법 관련 컨텐츠도 풍부합니다. 각각의 과목을 수업에 이용해도 좋고 영어권 국가에서는 학년별로 어떤 내용을 배우는지 알아보기에도 좋습니다. 서비스를 전부 이용하려면 월정액을 내야 하지만 매일 제한된 수의 컨텐츠를 무료로 이용할 수 있습니다. 아이들에게 익숙한 온라인 퀴즈 방식에다 학습용 게임도 많아서 매일 조금씩 해 보기에 좋습니다.

## 📖 Grammar and Punctuation
### Evan-Moor

미국의 대표적인 문법 교재로 문법/어법의 개념을 아이들 눈높이에서 쉽게 알려주는 장점이 있습니다. PreK부터 6학년까지 7권으로 구성되어 있는데 처음부터 차근히 해 나가면 정말 쉽게 문법 개념을 익힐 수 있습니다. 단 원서로 되어 있고 답안지가 붙어 있지 않아 부담이 될 수 있고, 답을 맞혀야 하는 우리나라 문법 교재와는 형식이 다르므로 서점이나 인터넷 등에서 먼저 살펴봐 주세요.

# 07

# 듣기 평가야
# 워낙 들어 놓은 게 많아서 괜찮다

듣기는 모국어든 외국어든 언어를 배울 때 가장 처음 접하는 영역입니다. 우리 아이들은 자연스러운 일상생활에서 영어를 들을 수 없으니 부모님이 가장 정성을 들이는 부분이기도 하지요. 만화나 영화를 보기도 하고, 오디오북을 듣기도 하고, 학원에서 따로 수업을 하기도 하며 시간을 투자합니다. 어려서부터 많이 들었으니 듣기는 잘 되고 있는 걸까요?

초등 과정에서는 시험을 보지 않으니 영어의 모든 영역이 평가가 어렵기는 하지만 특히 듣기는 아이들이 어느 정도 되고 있는지 알기가 가장 힘든 부분입니다. 독해 문제의 답을 쓰거나 작문하거나 말하는 것을 보면 읽기, 쓰기, 말하기 영역은 어느 정도 가늠이라도 할 수 있지만, 듣기는 많이 들려준다고 해서 어느 정도 이해하고 있는지, 과연 나아지고 있는 건지 확신할 수가 없으니까요.

　중학교에 올라가 4월 초가 되면 전국 15개 시도교육청이 공동으로 주최하는 영어 듣기평가가 실시됩니다. 전국 단위 듣기평가는 일 년에 두 번 4월과 9월에 실시되는데, 많은 학교에서 이 결과를 수행평가 성적에 반영합니다. 듣기평가 문제는 다음 예시처럼 초등 6학년 범위를 크게 벗어나지 않는 선에서 출제됩니다.

14. 대화를 듣고, 우체국의 위치로 가장 알맞은 곳을 고르시오.

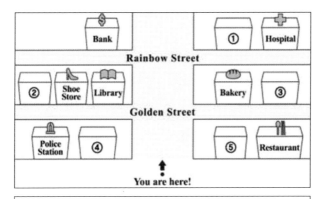

14번 대화를 듣고, 우체국의 위치로 가장 알맞은 곳을 고르시오.

W: Excuse me. Is there a post office around here?

M: Yes, there is one nearby.

W: How can I get there from here?

M: Hmm… Go straight one block and turn right on Golden Street.

W. On Golden Street?

M: Yes, the post office will be on your left. It's next to the bakery.

2022년 4월 중1 문제 정답 3

문제를 보면 대개는 익숙한 어휘, 그림, 대화여서 어렵지 않게 느껴집니다. 영어를 특별히 잘한다고 생각하지 않아도 이 정도는 쉽게 풀 수 있을 것처럼 보입니다. 문제는 듣기평가에는 무서운 특징이 있다는 겁니다. 문제는 한 번 들려주고 지나가고, 한 번 지나가면 다시 돌이킬 수 없습니다. 못 들었다고 "한 번 더요" 할 수가 없지요. 음원을 들으면서 문제를 해석하고 미리 파악하고 있어야 하는 것도 낯선 일입니다. 오랫동안 집중력을 잃지 않고 문제를 푸는 것도 어렵고, 가장 어려운 것은 지나간 놓친 문제를 빨리 극복하고 다음에 닥쳐오는 문제에 집중해야 하는 겁니다. 답을 고르지 못한 상태에서 다음 문제가 들리기 시작하면 결국 두 문제를 놓치게 되니까요. 나중에 해설을 보면 정말 쉬운 문제인데 막상 시험 볼 때는 그렇게 느껴지지가 않습니다. 5 정도의 실력으로 풀 수 있는 문제가 출제된다고 할 때 딱 5만큼의 실력을 가진 아이는 다 맞힐 수가 없습니다. 7이나 8 정도의 실력이 있어야 시험 부담을 이겨내고 여유 있게 맞힐 수 있죠. 더욱이 수행평가 점수로 환산될 경우 듣기는 무조건 다 맞아야 합니다.

　　어느 인터넷 포털의 질문 공간에서 한 중학생이 올린 글을 보았습니다. "저는 중학생인데요, 다음 주에 듣기평가를 본다는데 뭘 공부하면 되나요?" 시험이니 기출 문제를 풀어 보고 시험 유형을 익히는 연습은 필요합니다. 문제지를 받으면 지시문이 나오는 동안 문제를 먼저 읽어 두라는 등의 시간 관리나 놓친 문제는 빨리 잊어라 같은 멘탈 관리, 들으면서 보기 중에 아닌 것은 엑스(×) 표시를 하라는 등의 문제 푸는 요령 등은 준비할 수 있습니다. 하지만 어휘나 표현은 1, 2주간의 시험 공부로 대비할 수 없습니다. 중등 듣기평가의 준비가 초등 고학년에 되어야 하는 이유이고, 그래서 저 중학생의 질문을 보고는 안타까운 마음이 들었습니다.

중등의 듣기 시험을 중등에 준비할 수 없듯이, 고등의 듣기 시험 역시 고등에 공부해서는 늦습니다. 언어적인 면에서 미리 충분히 준비가 된 상태에서 해당 학년의 문제 풀이 연습을 해야 합니다. 하지만 이보다 더 중요한 것은 듣기평가 그 이상에 있습니다. 듣기평가가 아이들 듣기 학습의 목표일 수는 없으니까요. 주어진 내용을 잘 듣고 논지를 파악하거나 세부적인 내용을 알아내고, 추론하여 행간을 이해하는 것까지가 듣기의 목표일 것입니다.

영어 듣기 실력을 높이려면 당연히 많이 들어야 합니다. 하지만 아무렇게나 많이만 듣는다고 되는 건 아니겠죠. 언어학자 크래션은 자기 실력보다 +1, 즉 약간 어려운 것을 들을 때 가장 효과적으로 학습이 된다고 했습니다(Stephen Krashen: Comprehensible input hypothesis). 그렇다면 '약간 어렵다'는 것은 어떤 걸까요? 80퍼센트 정도를 이해하고 나머지를 문맥이나 상황으로 추측해 볼 수 있는 정도가 아닐까 합니다. 그래야 모르는 부분의 단어나 표현을 익히려는 엄두가 나니까요. 너무 쉬운 것만 들으면 부담은 없지만 나아지고 있다는 느낌이 없으니 아이 스스로도 흥미를 잃을 수 있고, 자기 수준보다 너무 어려우면 학습 의욕 자체가 꺾이게 됩니다. 이렇게 '한 번 해 보면 할 수 있겠다' 하는 느낌이 바로 학습의 좋은 동기이고, 어려워도 계속하게 만드는 힘입니다. 앞서 이야기한 것처럼 아이들은 공부가 어려워서 포기하는 것이 아니라 '이건 해도 안 되겠다'는 마음이 들 때 포기를 하니까요.

자연스러운 노출은 재미와 흥미 위주로 이루어져야 하되 학년이 올라갈수록 목표를 가지고 듣는 연습도 진행되어야 합니다. 학년이 올라갈수록 영어의 인풋은 듣기보다는 읽기에 크게 치중하는 경향이 두드러집니다. 하지만 최대한 오랫동안 듣기와 읽기 모두에서 인풋이 이루어져야 언어의 4대 영역이 고루 발달할 수 있고, 나중에 흔들리지 않는 탄탄한 실력을 만들 수 있습니다. 다음 내용들을 보시고 듣기 준비가 잘 되고 있는지 점검해 보세요.

### 이해 가능한 상황을 듣는가?

듣기 학습에는 아이들이 이해 가능한 상황, 가능하면 아이들의 일상이나 심정을 반영해 주는 내용을 들으면 좋습니다. 만화를 시청한다고 가정할 때, 영어를 전부 이해하지 못해도 그림만으로 대략의 상황이 이해되는 것을 골라야 합니다. 상황이 아이의 인지 수준에서 이해가 되어야지, 상황 자체가 어려워서는 곤란합니다. 그래서 각종 암시가 가득한 장편 영화는 아이들 교재로 바람직하지 않을 수 있습니다. 화려한 액션의 장편 만화나 영화들은 실제로 어른들의 이해 수준이나 유머 코드를 담은 것들이 많습니다. 처음에 볼 때는 빠른 화면 전환에 주목하지만, 아이들은 곧 흥미를 잃기도 합니다. 아이들이 집중하지 못하면 맞는 교재라고 보기 힘듭니다. 동화나 동요, 20분 내외의 짧은 만화 또는 드라마가 적당합니다. 장편 만화나 영화를 선택한다면 최대한 아이 눈높이에 맞는 내용을 고르시고 한 번에 다 보기보다는 집중할 수 있는 시간만큼 잘라서 볼 수 있게 해 주세요. 시간은 이이들이 집중하는 시간 +5분 정도가 적당합니다.

## 반복해서 듣는가?

무엇보다 반복해서 들어야 합니다. 흔히 본 것 또 보는 것을 좋아하는 아이가 영어를 잘한다고 합니다. 반복을 하면서 전에 들리지 않던 것이 들리기도 하고, 상황을 더 잘 이해하게 되면서 재미를 붙이는 것이죠. 항상 새것을 보고 싶어 하는 아이라면 반복해서 보는 것 하나, 새로 보는 것 하나 하는 식으로 섞어가며 볼 수 있게 해 주셔도 좋습니다.

## 목표를 가지고 듣는가?

듣는 건 목표를 가지고 들어야 합니다. 그렇지만 들리는 모든 단어를 다 알고자 하고 한 문장 한 문장을 다 해석하고 넘어가는 것이 목표가 되면 듣기는 정말 지치는 과정이 됩니다. 듣기의 목적은 말 그대로 들으면서 그 듣는 목적을 알아낼 수 있으면 됩니다. 그래서 아이들의 듣기는 흥미 위주로 자연스럽게 노출하는 것 한 트랙, 목표를 가지고 듣는 것 한 트랙 이렇게 두 가지로 진행이 되어야 합니다. 물론 목표를 가지고 듣는 것이 약간 난이도가 낮아야겠죠. 목표가 리스닝 문제집이나 듣기평가 기출이라면 문제가 원하는 답이 될 것이고, 특정 주제에 대한 영상이나 오디오라면 제목에 제시된 핵심 내용 파악 등이 될 것입니다. 자연스러운 노출, 즉 재미있는 영상 보기 등은 식사 시간이나 휴식 시간, 이동 시간 등에 놀이처럼 해 주시고, 목표를 가지고 듣는 것은 좀 더 공부에 가깝게 집중할 수 있는 환경을 만들어 주세요.

수능에서 듣기 비중은 큽니다. 45개 문항 중 17개 문항이 듣기평가이니 40퍼센트가 약간 안 되는 높은 비중입니다. 다른 독해 문제에 비해 난이도가 낮긴 하지만 역시 멘탈 관리 부분에서 만만치가 않습니다. 오전에 국어, 수학을 보느라 진을 뺀 데다가 점심 먹고 바로 보는 시험이어서 집중력은 있는 대로 떨어지고, 무엇보다 영어 1등급을 위해서는 듣기에서 단 한 문제도 놓쳐서는 안 된다는 부담감까지 있습니다. 토익 시험에서도 듣기는 45분간 계속 집중해야 하니, 듣기 시험은 항상 원래 난이도 이상의 실력이 뒷받침되어야 합니다.

중등이나 고1에 수능 영어 기출 문제를 다 맞혔다고, 그래서 아이의 영어가 다 준비됐다고 말하는 부모님께 현장에 있는 수능 강사들은 이렇게 말합니다. 수학 문제 10시간 풀리고 나서 영어 모의고사 보게 했을 때도 다 맞히는지 해 보시라고.

듣기는 읽기와 똑같이 정보를 받아들이고 이해하는 것을 평가하기 때문에 중심 내용 파악, 세부 정보 파악, 논리적 관계 파악, 맥락 파악의 네 가지로 평가합니다. 중심 내용 파악은 "남자가 하는 말의 주제로 가장 적절한 것은?" 등의 주제나 제목을 묻는 문제이고, 세부 정보 파악은 "대화의 내용과 일치하지 않는 것을 고르시오."처럼 글의 내용과 일치/불일치하는 것을 고르거나 그림이나 도표를 주고 자료와 일치/불일치하는 것을 고르게 합니다. 논리적 관계 파악은 대화자들의 관계, 장소 등을 파악하거나 '누가 언제 어디서 무엇을 왜 어떻게'를 파악하는 능력을 평가합니다. "대화를 듣고, 두 사람의 관계를 가장 잘 나타낸 것을 고르시오" 등이 여기에 해당됩니다. 맥락 파악은 글쓴이의 의도나 목적, 심경 등을 파악하도록 합니다. "여자가 하는 말의 목적으로 가장 적절한 것을 고르시오" 등이 여기에 해당됩니다.

수능이 아닌 중고등 대상 전국 단위 듣기평가나 여타의 공인 영어 시험 듣기 문제들도 이 네가지 유형에서 크게 벗어나지 않기 때문에 미리 파악해 두면 문제 풀이에 훨씬 유리합니다.

## 〈듣기〉에 좋은 자료들

### ▶ EBS 영어 듣기

https://home.ebs.co.kr/home1810 에 가면 전국 중·고등학교 영어 듣기 능력 평가 기출 문제와 녹음 자료, 무료 해설 강의까지 들을 수 있습니다.

### ▶ PBS KIDS

미국에서 가장 유명한 어린이 채널인 PBS KIDS에서 제공하는 유튜브 방송입니다. 학습적인 영상은 물론 Arthur 시리즈 같은 만화영화도 올라와 있습니다. Arthur 시리즈의 경우 미국 초등학생들의 학교 생활과 일상생활을 볼 수 있어 문화도 배우고 대화체 문장에 익숙해지는 데도 좋습니다. 20분 안팎의 짧은 영상이고, 자막이 제공됩니다. 시리즈를 좋아하면 Arthur 사이트로 이동해서 보면 편리합니다.

## ▶ 유튜브 영어 비디오 활용법

1. 영어 자막이 아직 어렵다면 ⚙ 설정〉자막〉자동번역으로 가셔서 한국어를 선택하시면 우리말 자막으로도 볼 수 있습니다. 우리말 자막과 영어 자막으로 영상 속 캐릭터들과 친해지고 나면 천천히 자막 없이 보는 것을 시도해 주세요.

2. 영어 비디오 보는 것에 익숙하거나 학년이 높은 아이들이라면 자막 없이 먼저 보고 나중에 영어 자막을 켜고 다시 보는 것도 좋습니다. 반복해 들으면서 새롭게 들리는 부분이 있으면 듣기에 재미를 느끼게 되고, 들리지 않아서 궁금했던 부분을 나중에 자막으로 확인하면 기억에 훨씬 잘 남기 때문입니다.

3. 좋아하는 시리즈가 생기고 반복해서 듣는 것에 재미를 붙이면 쓰기 활동과 연관해도 좋습니다. 비디오 하나당 마음에 드는 문장 2~3개를 골라 적어 보게 한 다음, 외우게 하면 좋습니다. 같은 시리즈의 같은 캐릭터들은 비슷한 말투를 쓰기 때문에 한 번 외워 놓으면 다음에 그 문장이 다시 나왔을 때 반가워지니까요.

### 주의사항

영어 비디오 보기는 좋은 노출 방법이지만 잘못하면 아이에게 부담을 줄 수 있기 때문에 매우 주의하셔야 합니다.

1. 절대 아이 혼자 알아서 보게 두면 안 됩니다. 틀어 주고 시간을 채우는 것으로 공부가 되는 것으로 생각하시면 안 된다는 얘기입니다. 특히 저학년일수록, 처음 보는 것일수록 엄마나 아빠가 함께 보고 재미있어 해야 성공합니다. 시리즈물이 좋은 이유는 그 안의 캐릭터들과 배경에 익숙해지면 친밀도가 높아지기 때문입니다. 내 친구를 엄마 아빠도 알고 있으면 이야기하기가 편해지는 것처럼, 영어 영상 속 세상도 함께 친해져야 합니다.

2. 학습에 이용하는 비디오와 재미로 보는 영화나 만화는 구분되어야 합니다. 영어로 된 모든 영상을 학습과 연관 지으려 하면 스트레스가 될 수 있습니다. 학습용 비디오는 최대 20여 분을 넘지 않게 해 주시고, 반드시 반복해서 볼 수 있게 해 주세요. 한 번 보고 넘어가면 다시 들을 때 단어나 문장이 새로 들리는 경험을 할 수 없고, 그러면 듣기에 재미를 붙이기 힘듭니다. 다시 듣는 것은 아이의 성향에 따라 다음날 반복하게ㅏ 또는 시간차를 두고 반복하는 것 중에 선택하시면 됩니다.

**비문학 읽기**

두꺼운 스토리북을 거침없이 읽는 것이 중요한 것이 아니라 영어 실력과 배경 지식을 동시에 쌓는 것이 필요하다. 기초 단계부터 쉬운 비문학 책을 같이 읽게 지도해 준다.

**어휘**

구역을 나누어 단어 외우게 하기, 카테고리를 나누어 외우게 하기, 반의어·유의어 함께 외우기, 문맥으로 뜻 유추하기, 문장으로 외우기, 나만의 문장 써 보기 등으로 단어 암기의 전환이 필요하다.

**말하기**

놀이터 영어가 아니라 학교 영어(인지 부분이 들어가는)를 능숙하게 잘할 수 있게 해야 한다. 최소한 중1때까지는 말하기 수업을 놓지 않고, 말하기 수업이 안 되는 시기가 온다면 그때도 듣기는 놓치지 않도록 한다. 소리 내어 읽기, 그림이나 사진 보고 묘사하기를 루틴으로 해서 말하기 활동을 지속시킨다.

**독해**

책을 읽는다는 건 소리 내어 읽을 수 있고, 그 내용을 제대로 이해하는 것을 뜻한다. 이해하는 책 읽기를 위해 독후 활동이 필요한데, 가장 좋은 것은 부모가 질문하고 아이가 답하는 것. 독해 시험의 유형을 알고 이를 활용해 아이에게 묻고 답하면 아이의 사고력 확장에도 영향을 끼치고, 책을 제대로 읽게 한다.

**작문**

작문은 하고 싶은 말이 있어야 하고, 공감하고 읽어 주는 사람이 있어야 한다. 아이가 작문을 시작한 지 얼마 안 됐다면, 추상적인 것보다 눈에 보이는 걸 묘사하기, 글쓰기 전에 브레인스토밍하기, 아이가 쓴 글에 공감해 주기로 작문에 필요한 아이템을 갖게 한다.

**문법**

문법 교재는 여러 권으로 되어 친절하게 다루는 것을 고르고, 레벨별로 여러 단계로 설명해 주는 것을 선택한다. 문법 학습하기에 최고 자료는 중학교 영어 교과서. 문법은 공식보다 예문 하나를 외우는 데 집중한다. 아이와 책이나 영화를 보면서 배운 문법 내용 찾기 게임을 한다거나 하루에 한두 문장씩 외우기를 한다.

**듣기**

듣기는 학년이 올라갈수록 목표를 가지고 듣는 연습도 진행되어야 한다. 아이들이 이해 가능한 상황을 듣고 있는가가 중요하므로 동화나 동요, 20분 내외의 짧은 만화 또는 드라마가 적당하다. 반복해서 듣고 목표를 가지고 듣게 한다.

# "영어 학원 가기 싫어요"의 진짜 의미

아이들이 학원에 가기 싫은 이유는 수도 없이 많습니다. 그저 피곤해서일 수도, 친구랑 싸워서, 선생님한테 혼나서, 숙제를 안 해서, 학원 갈 시간에 다른 것을 하고 싶어서일 수도 있습니다. 어른들도 매일 반복되는 일이 지겨울 수 있으니 아이들도 그냥 이유 없이 가기 싫을 수도 있습니다. 하지만 그 말이 반복될 때 이유를 살펴봐야 하는 것은 아이들이기 때문입니다. 아이들은 저마다 가기 싫은 이유를 이야기하지만 자기도 모르는 진짜 원인이 있는 경우가 많기 때문에 살펴주어야 하고, 영어에서는 특히 그것이 도와달라는 SOS 신호일 수 있기 때문입니다.

1학년 영진이는 엄마랑 집에서 파닉스를 공부하고 파닉스 책을 곧잘 읽게 되었습니다. 이 정도면 준비가 되었다고 생각한 엄마는 영진이를 학원에 보내기 시작했지요. 아주 쉬운 스토리북을 읽는 과정이었으니 잘 따라갈 거라고 생각했습니다. 하지만 학원에 몇 번 다녀온 아이는 가기 싫다고 했습니다. 다른 친구들은 다 친한데 자기만 아이들을 잘 몰라서 그렇다고 했습니다. 친구들 따라 학원을 진작 보냈어야 했나 엄마는 자책했습니다. 하지만 실제 원인은 다른 데 있었죠. 파닉스만 열심히 하고 사이트워드sight words 준비가 전혀 되어 있지 않은 상태여서 파닉스 규칙을 따르지 않는 빈출 단어들을 잘 읽을 수가 없었던 것입니다. 다행히 선생님이 아이를 따로 불러 책 읽기를 시켜 보고 원인을 알게 된 덕분에 골든 타임을 놓치지 않을 수 있었습니다.

아이가 "엄마, 나는 사이트워드를 안 해서 책 읽기가 잘 안 돼요. 그래서 학원에 가고 싶지 않아요"라고 말해 주면 좋겠지만 그건 불가능한 일입니다. 아이들은 종종 납득하기 어려운 이유로, 때로는 부모의 가장 약한 부분을 아프게 찌르며 영어 공부를 하기 싫다고 말합니다. 스스로도 원인을 알 수 없으니 어쩔 수 없는 선택이지만 여러 번 반복되면 아이와 부모 관계도 상하게 되고, 학습 계획을 짜고 실천하는 데도 문제가 생길 수 있습니다. 아이 말에 너무 휘둘려도, 부모의 뜻이 너무 완강해도 안 되는 일이기에 항상 아이를 관찰해야 합니다.

특히 모범생이라고 하는 내성적이고 순종적인 아이들의 경우, 영어 공부하기 싫다고 말로 표현하는 순간이 이미 골든 타임을 지난 후일 수 있습니다. 어려우면 징징대고 집중이 안 되면 산만해지는 아이는 선생님의 관심을 받습니다. 그러면 오히려 문제를 조기에 발견하기 쉽습니다. 하지만 내성적으로 묵묵히 따라가는 아이들의 경우, 잘하고 있겠거니 생각하다가 시간이 한참 지난 후에야 문제를 발견하게 되지요.

아이들 영어 공부의 문제점을 진단하고 솔루션을 제공해 주는 TV 프로그램에 전문가 패널로 참여한 적이 있습니다. 묵묵히 엄마표 수업을 따라 했던 아이는 갑자기 영어를 안 하겠다 선언을 했습니다. 영어가 너무 싫은 나머지 영어책만 봐도 머리가 아프고 아무것도 하기 싫다고 했습니다. 엄마는 처음에 꾀병이라고 생각했지만 아이는 정말 머리가 아프고 의욕이 없었던 것입니다. 이렇게 구부러지기보다 부러지듯 문제를 드러내는 경우는 당분간 영어를 완전히 끊는 것밖에 방법이 없습니다. 그간 해 온 것이 아깝다고 조금씩 유지는 해 볼까 하다가 오히려 시간만 버리는 경우도 있습니다. 자연스러운 노출은 괜찮겠지 싶어 영어로 된 만화나 영화만 틀어 놓아도 아이는 질색을 했으니까요.

아이들은 중고등학생이나 어른과 달라서 '해야 하기 때문에' 억지로 영어를 하는 것은 독약입니다. 어릴 때 영어를 배우는 가장 큰 장점 중 하나가 그 시절 영어에서 얻은 즐거운 기억과 자신감 때문입니다. 영어가 싫고 무서운 것이 되어 버리면 안 배운 것만 못합니다. 사례자였던 초등학교 4학년 남자아이에게 내려진 솔루션은 일단 영어를 완전히 끊는 것이었습니다. 몇 달 동안 영어에 대한 부담을 주지 않고 관찰하다가 아이가 다시 관심을 보이기 시작할 때, 아이가 좋아하는 과학책으로 시작할 것을 제안했습니다.

이렇게 영어를 완전히 끊게 되면 한참을 돌아가야 하기 때문에 아이의 폭탄 선언이 있기 전에 아이를 관찰하고 사이사이 선생님이나 전문가의 조언을 얻어 점검해 보는 것이 좋습니다. 엄마표로 공부하더라도 6개월이나 1년에 한 번 정도는 학원의 입반 테스트를 받게 해서 어느 부분이 부족한지 체크해 보는 것도 좋습니다. 비슷한 수준의 친구들이 학원에서 어떤 교재로 공부하고 어느 정도의 학습량을 소화하는지도 알아두면 너무 쉽거나 너무 어렵지 않게 학습 내용을 짜서 적당한 긴장감을 유지할 수 있습니다. 대치동 학원가는 방학 전부터 레벨 테스트 예약으로 분주합니다. 타지에서 테스트만 보러 오는 아이들도 꽤 된다고 합니다. 테스트는 점수를 잘 받기 위한 것이 아니니 혹시라도 아이를 나무라지 마시고, 꼭 결과에 대해 상담 받으셔서 이후 계획을 짜는 데 참고하시기 바랍니다.

# PART 2

전환기가 없는 초등생의
미래 현실도
& 예방 솔루션

CHAPTER 1

상급학교별
미래 현실도

# 01

## 중학교

◇ **미리 보는 중학교 현실**

중학생이 된 아이들은 3월부터 정신이 없습니다. 담임 선생님을 만나고 교과목마다 다른 선생님이 들어오시고, 이동 수업도 많아집니다. 학교에 따라서는 수준별 수업을 하는 곳도 있지요. 각기 다른 초등학교에서 모인 낯선 아이들과 새로 사귀는 것도 힘들고, 심지어 단추 많은 교복 셔츠부터 조끼에 불편한 재킷까지 챙겨 입을 게 많아지는 것도 아이에게는 모두 스트레스입니다. 무엇보다 스스로 메모하고 기억해서 챙겨야 하는 일들이 많아지면서 3, 4월에는 여기저기 아픈 아이들이 속출합니다.

학업 면에서도 큰 차이가 생깁니다. 대부분의 학교가 중1은

144 　 PART 2 전환기가 없는 초등생의 미래 현실도 & 예방 솔루션

자유학년제/자유학기제를 실시하고 있어서 지필평가를 보지 않지만, 학교에 따라서는 영어 듣기평가를 수행평가에 반영하기도 하고, 지필평가 형식으로 시험을 보고 수행평가의 일부로 반영하기도 합니다. 1주, 혹은 2주 단위로 새롭게 주어지는 수행평가는 생각보다 높은 수준의 영어 실력이 필요합니다.

특히 2019년 1학기부터 모든 중학교에 과정중심평가가 도입되면서 수행평가와 서술형 평가가 확대되었습니다. 기존의 수행평가가 단발적인 과제 완성형이었다면, 과정중심평가는 한 가지 과제를 '자료 학습, 초안 작성, 동료/자기 평가 및 수정, 과제 완성 및 교사 평가'로 여러 단계에 걸쳐 수행하고 평가합니다. 실시된 지 일 년만에 코로나가 터지면서 아직 교실에 완전히 자리 잡진 못했지만, 큰 변화의 흐름은 이해하고 계셔야 합니다. 무엇보다 초등학교와 다른 것은 모든 평가가 특목고 등 상급학교에 진학할 때 반영된다는 점입니다. 일반고에 진학할 경우에는 반영되지 않지만, 아이들의 진로는 알 수 없고, 어쨌든 중학교는 고등학교를 준비하는 단계라 평가에 대한 긴장도가 초등학교 때와는 다릅니다.

다음은 서울의 한 중학교 2학년 영어 과목 평가 비중입니다. 수행평가가 40%, 지필평가가 중간, 기말 각각 30%입니다. 비중은 학교마다 약간씩 차이는 있지만 부모님이 생각하시는 것보다 수행평가와 서술형 비중이 상당히 높습니다. 그리고 이 학교는 듣기가 20%이지만 소위 학군지나 공부를 많이 시킨다고 하는 학교일수록 듣기 비중을 10%로 하거나 아예 말하기, 쓰기만으로 평가하기도 합니다. 최근에 일부 학교에서는 2학년에도 지필평가 없이 수행만으로 평가하기도 한다니, 지필이 점점 줄고 수행이나 서술형이 확대되는 평가 비중의 흐름은 분명합니다.

| | 수행평가 | | | 지필평가 | | |
|---|---|---|---|---|---|---|
| 영어 | 듣기 | 20점 (20%) | 40점 (40%) | 중간 | 선다형 50점 서술형 50점 | 100점 (30%) |
| | 발표하기 | 15점 (15%) | | 기말 | 선다형 50점 서술형 50점 | 100점 (30%) |
| | 수업 활동 포트폴리오 | 5점 (5%) | | | | |

다음은 한 중학교의 6월, 7월 두 달에 걸친 중1 수행평가 계획표입니다.

| | | | |
|---|---|---|---|
| 6월 | 1 | 쓰기 (Lesson 3 Wisdom in Stories) | [프로젝트] [모둠평가] full house 미니북 만들기 |
| | 2 | 쓰기 (Lesson 3 Wisdom in Stories) | |
| | 3 | 듣기 (Lesson 4 Small Things, Big Differences) | [발표/관찰] 과거의 일 묻고 답하는 발표하기 느낀 점 말해 보기 |
| | 4 | 말하기 (Lesson 4 Small Things, Big Differences) | |
| 7월 | 1 | 말하기 (Lesson 4 Small Things, Big Differences) | [과정중심 수행평가] 자신이 하고 싶은 봉사활동 포스터 만들기 |
| | 2 | 읽기 (Lesson 4 Small Things, Big Differences) | |
| | 3 | 쓰기 (Lesson 4 Small Things, Big Differences) | |

미니북을 만들거나 묻고 답하는 발표하기, 봉사활동 포스터 만들기가 평가됩니다. 초등학교 때와 달리 제법 완성도 있는 결과물이 나와야 하죠. 중2, 3으로 갈수록 책을 읽고 북리포트를 작성하거나 요약(summary)하거나 주제에 맞춰 발표를 하는 경우가 많아집니다. 다음은 6학년 2학기 마지막 단원의 활동 내용 중 하나입니다.

---

## Write It

A 빈칸에 알맞은 낱말을 찾아 문장을 완성해 봅시다.

I like to paint pictures. I want to be a _____.

My favorite subject is science. I want to be a _____.

I like to play the piano. I want to be a _____

I can play soccer very well. I want to be a _____

scientist  soccer player  painter  pianist

---

초등 6학년 영어 교과서 p.167 동아출판사

주어진 단어를 골라 문장을 완성하는 활동입니다. I like to paint pictures.(나는 그림 그리는 것을 좋아해.) 다음 문장에 painter(화가)를 써 넣어 I want to be a painter.(나는 화가가 되고 싶어.)를 완성하면 되지요. 교과서에 충실하게 이 정도 질문과 답을 배운 아이가

불과 몇 달 뒤에 중학 과정에서 요구하는 수행평가를 혼자 원만하게
해낼 수 있을까요? 다음은 중1 수행평가지 중 하나입니다.

## Korean Traditional Food!

사진

What is _____?

_____

_____

_____

_____

## How to make _____

[A] Ingredients:

[B] Recipe

1. _____
2. _____
3. _____
4. _____
5. _____

한국 전통 음식을 한 가지 정해 소개하고 어떻게 만드는지 재료와 요리법을 적게 합니다. 물론 필요한 단어와 표현을 배우는 수업이 선행되었으리라 믿습니다. 하지만 불과 한두 주 동안 배운 것으로 문장 단위의 표현을 자유롭게 해내기에는 미리 준비된 아이들과 처음 배우는 아이들 간의 체감 격차가 상당히 클 것입니다. 중학 영어를 중학교에 들어가서 준비하는 것이 현실적으로 어려운 이유입니다.

중학교 내신이라고 문법과 독해 위주의 지필평가만 걱정하셨던 부모님들은 수행평가의 양과 난이도에 적잖이 놀라셨을 겁니다. 불안하고 마음만 바쁜 때일수록 정답은 한 가지입니다. 계획을 세우는 것이죠. 중요한 것은 부모는 부모대로 아이는 아이대로의 계획을 세워야 한다는 것입니다. 대부분의 사고는 부모의 계획을 아이에게 일방적으로 전달하기 때문에 생깁니다. 그래서 계획을 세우는 것도 초등 때부터 훈련이 필요합니다.

### 부모의 계획 세우기

먼저, 부모의 계획 세우기입니다. 당연한 얘기 같지만 일단 목표가 있어야 합니다. "아직 진로를 못 정했는데 어떻게 목표를 세우나요?" 하실 수도 있습니다. 맞는 말이긴 하지만 실제로는 '아직 그런 거 생각하고 싶지 않아요' '애가 알아서 잘했으면 좋겠어요' '나를 귀찮게 하지 마세요' 하는 생각이 마음 속 깊이 있을 겁니다. 하지만 영어는 다른 과목과 달라서 아이의 진로에 따라 목표가 달라야 합니다. 다른 과목들은 대체로 수능까지가 목표인데 반해, 영어는 수능까지만을 목표로 할지, 영어를 특기로 만들어 고등학교 때 영어 관련 동아리 활동을 하거나 대회에 나가거나 진로 선택으로 영어 심화 과목을 들을 수 있게 할지에 따라 준비 내용이 같을 수 없습니다. 외고에 진학해서 영어 디베이트(토론) 동아리에 들고 싶다면서 초등 6학년에 교과서 위주로 공부한다는 건 앞뒤가 맞지 않는 일이니까요. 구체적으로 진로를 정하지 않더라도 대략의 범위는 생각해 보셔야 합니다.

목표와 계획, 그에 필요한 정보 수집은 부모의 일입니다. 영어 학원 설명회에 다녀오거나 유명 블로거, 유튜버의 이야기를 듣고 나면 부모는 마음이 바빠집니다. "얘, 중2에는 수능 모의고사를 봐야 한대. 문법책은 이게 좋다는데 이걸로 바꿀까? 직독직해가 좋다는데 너네 학원에서는 그렇게 하니? 저번에 영어 말하기 대회 상 받은 애는 어느 학원 다녔대?" 이런 모든 질문이나 부모의 걱정은 절대 아이한테 얘기하지 마세요. 부모의 불안은 금세 아이에게 전염되니까요. 아이가 불안해지고 자기가 하는 것에 확신이 없으면 공부는 시작도 하기 전에 실패입니다. 정보는 아이에게서 얻는 것이 아닙니다. 부모가 발품을 팔고 혼자 걱정하고, 불안을 에너지 삼아 계획을 세우세요. 열심히 발을 움직이지만 물 위에서는 한없이 한가로워 보이는 백조가 되셔야 합니다.

### 계획은 먼 곳에서부터, 큰 것부터

계획은 먼 데 목표를 두고 점점 작은 목표를 세우셔야 합니다. 당장 코 앞에 깃발을 꽂고 가다 보면 나중에 영 엉뚱한 곳에 가 있을 수 있습니다. 먼 데 깃발을 꽂아야 가다가 조금 돌아가도 결국 그리로 가게 됩니다. 아시겠지만 아이를 키우고 가르치는 일은 절대 계획대로 되지 않습니다. 끊임없는 시행착오와 오류를 겪어야 하기 때문에 목표는 반드시 먼 데 있어야 합니다. 예를 들어, 우리 아이가 UN 같은 국제 기구에서 일하는 글로벌한 인재가 되고 싶어 한다면 고등학교 때까지는 어느 정도 영어를 하면 좋겠다, 그러려면 중학교 때는 어느 정도를 준비해야겠다, 그러면 초등 때는 이런 준비가 되어야겠다 하는 식의 큰 그림을 먼저 그리셔야 합니다. 당장 닥치는 대로 영어 학원에 주 1회 갈까 2회 갈까, 애가 싫어하는데 학원을 옮길까 하는 고민을 먼저 하셔서는 안 됩니다.

### 고교 과정 변화와 수능 유형에 관심을

같은 맥락에서 초등 고학년 부모님은 최소한 고교 교과 과정의 변화와 수능 유형에 관심이 있어야 합니다. "우리 아이 입시 때는 어차피 바뀔 건데 뭐

하러 벌써 알아 놓나요?" 하실 수도 있습니다. 하지만 교육 정책이란 부모님이 생각하시는 것보다 엄청난 연구로 만들어진 치밀한 노력의 결과물이어서 그 안에는 변치 않는 기조가 있습니다. 그것이 교과 과정 개편과 입시 변화에 어떻게 반영되는지 관심을 가지고 지켜보셔야 흐름을 안 놓칩니다. 부모는 이렇게 큰 계획을 세우시되 아이에게 미래에 대한 부담감을 주시면 절대 안 됩니다. 부모가 서점에서 고등학교 영어 교재를 보고 온 것을 아이에게 알려 주실 필요도 없습니다. "너 큰일났다. 고등학교 가면 영어가 얼마나 어려운데 지금 단어 20개도 못 외워서 어떻게 할래?" 하시거나 "우리는 이것저것 알아보러 얼마나 바쁘게 다니는데 너는 그것도 하기 싫어하니?"라고 말하고 싶은 마음이 불쑥불쑥 들기에 부모도 목표와 계획 세우기 훈련이 필요합니다.

## 아이의 계획 세우기

초등 고학년에 아이는 주간 계획과 하루 계획을 세우는 연습을 해야 합니다. 일주일에 두 번 영어 학원에 간다면 전날 숙제를 몰아서 하지 않도록, 주간 계획표를 만들어 미리미리 할 수 있게 해 주어야 합니다. 하루 중 언제 영어 숙제를 하면 좋을지도 스스로 생각해서 시간을 적어 보게 하고, 일주일 단위로 계획이 잘 수행되었는지 점검해 보게 합니다. 무리가 있었거나 변동이 있으면 공부량이나 시간을 조정하는 것도 스스로 해 봐야 합니다. 초등 때 이런 계획표 작성과 수정이 생활화되어야 중등에 가서 마구 쏟아지는 일정들을 스스로 기록하고 챙길 줄 알게 됩니다. 그래야 영어 말하기 동영상을 제출 전날이 되어서야 무슨 내용으로 찍을지 고민하지 않고, ppt(파워포인트) 자료 만드는 게 생각보다 시간이 너무 많이 걸린다며 우는 일이 없습니다. 주간과 일일 계획을 세우고 검토하고 수정하는 3단계가 성공적으로 일상화되면, 중학교에서 지필고사를 볼 때 자연스럽게 스스로 공부 계획도 세울 수 있습니다.

스스로 시간을 안배해서 계획을 세우고, 실제와 비교하여 수정을 하고, 나아가 자신에게 맞는 학습 시간이나 순서까지 관찰해 내는 훈련을 초등 고학년 때부터 차근차근 해 볼 수 있게 응원해 주세요. 계획 세우기를 처음 하는 아이라면 간단한 형태의 위클리 플래너로 시작하는 것을 추천합니다. 주간 계획표에 자신의 한 주간 일정을 먼저 적고, 매일의 숙제와 할 일을 스스로 생각해서 적게 하면 좋습니다. 아이들은 이런 과정만으로도 생각보다 시간이 많지 않고 계획과 실천이 필요하다는 것을 느끼게 됩니다. 주간 계획을 세우고 수정하는 것이 익숙해지면 스스로 하는 영어 교재나 동영상 보기 등을 중심으로 월간 계획을 세워 보는 것도 좋습니다. 반드시 아이의 계획은 아이가 세우게 하시고, 잘 되고 있는지 점검하시고 칭찬과 적절한 보상으로 힘을 실어주세요.

고등학교

◇ **미리 보는 고등학교 현실 – 학습**

초등에서 중등으로 넘어가는 시기가 생활면에서 힘들다면, 고등으로 넘어가는 시기는 생활은 물론이고 학습량이나 난이도에서 엄청난 차이가 존재합니다.

영어의 경우, 단적으로 어휘 수만 봐도 그렇습니다. 교육부 고시 개정 교육과정에 따르면 어휘에 대한 기준은 다음과 같습니다.

# 2015 개정 영어과 교육과정 어휘 수

각 학년에서 사용할 수 있는 새로운 어휘 수는 다음과 같다.

  초등학교 3~4 학년군: 240 단어 내외

  초등학교 5~6 학년군: 260 단어 내외 (누계: 500 단어)

  중학교　1~3 학년군: 750 단어 내외 (총계: 1,250 단어)

  고등학교

| 2015 개정 고등학교 선택 과목별 어휘 수 | | |
|---|---|---|
| 과목명 | | 어휘 수 |
| 공통 | 영어 (8) | 1800 단어 내외 |
| 일반 선택 | 영어회화 (5) | 1500 단어 이내 |
| | 영어 I (5) | 2000 단어 이내 |
| | 영어 독해와 작문 (5) | 2200 단어 이내 |
| | 영어 II (5) | 2500 단어 이내 |
| 진로 선택 | 실용 영어 (5) | 2000 단어 이내 |
| | 영어권 문화 (5) | 2200 단어 이내 |
| | 진로 영어 (5) | 2500 단어 이내 |
| | 영미 문학 읽기 (5) | 3000 단어 이내 |
| 전문 교과 I | 심화 영어 회화 I | 1800 단어 이내 |
| | 심화 영어 회화 II | 2000 단어 이내 |
| | 심화 영어 I | 2500 단어 이내 |
| | 심화 영어 II | 2800 단어 이내 |
| | 심화 영어 독해 I | 3300 단어 이내 |
| | 심화 영어 독해 II | 3500 단어 이내 |
| | 심화 영어 작문 I | 2000 단어 이내 |
| | 심화 영어 작문 II | 2300 단어 이내 |

# 2022 개정 영어과 교육과정 어휘 수

## (전 학년 적용은 초등학교 2026년 중고교 2027년)

초등학교 3~4학년: 학습 어휘 수 300 단어 이내
5~6학년: 학습 어휘 수 300 단어 이내 (누계: 600 단어 이내)
중학교 1~3학년: 학습 어휘 수 1500 단어 이내
고등학교

| 2022 개정 고등학교 선택 과목별 어휘 수 | | |
|---|---|---|
| 과목명 | | 어휘 수 |
| 공통 과목 | 기본영어 1, 2 | 1600 단어 이내 |
| | 공통영어 1, 2 | 1800 단어 이내 |
| 일반 선택 | 영어 I | 2000 단어 이내 |
| | 영어 II | 2500 단어 이내 |
| | 영어 독해와 작문 | 2200 단어 이내 |
| 진로 선택 | 직무 영어 | 2000 단어 이내 |
| | 영어 발표와 토론 | 2500 단어 이내 |
| | 심화 영어 | 2800 단어 이내 |
| | 영미 문학 읽기 | 3000 단어 이내 |
| | 심화 영어 독해와 작문 | 3500 단어 이내 |
| 융합 선택 | 실생활 영어 회화 | 1500 단어 이내 |
| | 미디어 영어 | 2000 단어 이내 |
| | 세계 문화와 영어 | 2200 단어 이내 |

초등 4년에 500개, 중등 3년에 750개의 새 어휘를 배워 7년 간 총 1,250개의 어휘를 접하는데, 고등학교에서 필요한 어휘는 3,000대를 훌쩍 넘습니다. 아이들의 수학 능력이 성장한 것에 비하면 큰 무리는 아니라고 볼 수도 있겠으나, 고등 시기는 수학과 국어, 사회, 과학 등 탐구영역에서도 학습량이 대폭 증가하는 때라서 영어만 붙들고 정성을 들일 순 없는 노릇입니다. 때문에 고등 단계의 영어를 고등에 가서 준비하는 것은 현실적으로 맞지 않습니다. 다음은 교육부에서 목표로 하는 중등에서의 영어 학습 목표입니다.

중학교 영어는 학습자들이 초등학교에서 배운 영어를 토대로 친숙하고 일반적인 주제에 관한 기본적인 영어를 이해하고 표현하는 능력을 갖추게 하는 것을 목표로 한다.

가. 영어 학습에 대한 흥미와 관심을 가지고 일상적인 영어 사용에 자신감을 가진다.
나. 친숙한 일상생활 주제에 관하여 영어로 기본적인 의사소통을 할 수 있다.
다. 외국의 문화와 정보를 이해하고 우리 문화를 영어로 간단히 소개할 수 있다.

출처: 교육부 고시 제2015-74호 [별책 14] 에듀넷 티-클리어〉 교육정책〉 교육과정

교육부에서 목표로 하는 중등에서의 영어 학습은 '일상적인 영어/기본적인 의사소통/간단히 소개'와 같은 표현에서 단적으로 알 수 있습니다. 그래서 고등학교에 진학했을 때 아이들이 체감하는 갭은 훨씬 큽니다. 다음은 강남의 한 고등학교 1학년 1학기 중간고사 문제 중 일부입니다.

[서답형 1]  Name two specific advantages and one specific disadvantage that plant-based proteins have in comparison to animal-based proteins. Be as specific as possible and include at least three items in a full English sentence. (5점)

[서답형 2]  What are some of the things that supermarkets do to make customers spend more time and money in a store? Be as specific as possible and include at least three items in a full English sentence. (5점)

위의 문제는 '동물성 단백질에 비해 식물성 단백질이 가지는 두 가지 구체적인 장점과 한 가지 구체적인 단점을 완전한 영어 문장으로 서술하라'고 되어 있습니다. 더 놀라운 것은 이 문제에 선행하는 지문이 읽기 지문이 아니라 듣기 지문이었다는 것이고, 이 문제가 비교적 쉬운 서답형 1번이었다는 것입니다. 중학교 교과서에 충실하게 학교 생활을 한 아이가 과연 몇 달 후 이 문제를 풀 수 있을까요? 우리 아이는 강남에 있는 학교에 다니지 않으니 걱정을 덜 해도 될까요? 아이들은 같은 수능을 보고 같은 입시를 치릅니다. 당장 내신 시험 문제 난이도가 다르다고 안심할 수 없습니다. 오히려 더 준비를 해야 맞겠지요.

게다가 고등학교에 가면 내신 시험 외에 모의고사가 치러집니다. 영어의 경우 절대평가라서 등급만 나오지만, 다른 과목의 경우 성적표 백분위를 통해 처음으로 전국에서 내 위치를 가늠해 볼 수 있습니다. 물론 고1 모의고사 성적이 2년 반 뒤 받을 수능 점수를 말해 주지는 않습니다. 아이들은 고등학교 3년 동안에도 얼마든지 역전할 수 있고, 반대로 수직 하락할 수도 있으니까요. 문제는 영어라는 과목의 특성에 있습니다. 수학이나 국어, 탐구 과목 등은 시험 범위라는 것이 존재하지만 영어에서 모의고사 시험 범위는 딱히 의미가 없습니다. 아이들 표현을 빌자면 그저 평소 실력대로 보는 것에 가깝지요. 그래서 꾸준히 열심히 하기가 힘듭니다. 잘하는 아이는 몇 달 공부 안 해도 갑자기 성적이 떨어지지 않고, 못하는 아이는 몇 달 열심히 한다고 오르지 않기 때문에 영어는 항상 뒤로 미뤄지기 쉽습니다. 잘하던 아이도 일단 성적이 떨어지면 다시 끌어올리기 힘들고, 마음먹고 시작한 아이는 도무지 달라질 기미가 없는 성적에 지쳐갑니다. 앞의 장에서 말했듯이 아이들은 어려워서 포기하는 것이 아니라 해도 안 될 것 같을 때 포기합니다. 고등학교에서 영포자가 많이 생기는 이유입니다.


◇ **미리 보는 고등학교 현실 - 학교생활**


학습적인 것 외에 생활면에서도 큰 차이가 생깁니다. 단편석인 수행평가 대신 과정중심평가가 시행되는 것은 같지만 고등학교에서의 평가는 하나하나 입시에 반영된다는 것입니다.

| 평가 종류 | 지필평가 | | | | 수행평가 | | 계 |
|---|---|---|---|---|---|---|---|
| 횟수/영역 | 중간고사 | | 기말고사 | | 프레젠 테이션 | 북리포트, 감상문 및 에세이 | |
| | 선다형 | 서술형 | 선다형 | 서술형 | | | |
| 배점 (반영 비율) | 70점 (21%) | 30점 (9%) | 90점 (27%) | 10점 (3%) | 100점 (20%) | 100점 (20%) | 100% |
| | 100점 (30%) | | 100점 (30%) | | | | |
| 평가 시기 | 정기고사일 | | 정기고사일 | | 3~7월 | 3~7월 | |

위의 표는 한 일반고 1학년 1학기 영어 과목 평가 비중입니다. 중간고사 30%, 기말고사 30%, 그리고 수행평가 40%입니다. 그리고 그 수행평가의 절반은 프레젠테이션, 즉 말하기이고, 절반은 북리포트 및 에세이, 즉 쓰기입니다. 물론 수행평가 비중은 학교마다 조금씩 차이가 있지만 중등 내신을 준비한다고 초등학교 6학년부터 말하기와 쓰기를 접었던 많은 아이들에게는 충격적인 비중일 겁니다. 중간고사, 기말고사 이외에 수시로 치러지는 수행평가들은 ppt를 만들거나 책을 읽는 등의 준비 시간이 많이 필요합니다. 영어로 말하고 쓰는 것에 자신이 있어도 그것을 잘 꾸며 발표하거나 제출하는 건 상당한 시간과 노력을 들여야 한다는 뜻입니다. 영어에서부터 막히면 그 어려움은 더할 겁니다. 중학교 때와 달리 모든 활동이 점수화되고 입시에 반영되니 부담은 말할 것도 없습니다.

수행평가 비중은 높지만 점수의 편차는 크지 않으니 크게 걱정할 필요 없다 이야기하기도 합니다. 하지만 고등학교 영어 수행에서 1점 차이는 수시 전형을 준비하는 아이들에게 치명적입니다. 고등학교 내신은 1등급이 4%, 2등급이 7%, 3등급이 12%입니다. 상위로 갈수록 폭이 좁아지지요. 그래서 영어의 경우 지필고사에서 1개를 틀리고도 3등급을 받는 일이 있습니다. 100점을 맞고도 1등급을 못 받는 경우도 있지요. 수행때문에 감점을 당해서 그럴 수도 있고, 지필평가와 수행평가 모두 만점을 받아도 만점자 수가 4퍼센트를 넘으면 2등급이 돼 버리기도 하니까요. 특목고나 학군지에서는 흔한 일입니다. 그래서 상위권일수록 수행평가의 1점이 중요합니다. 수행평가에서 감점이 있어서는 안 되니까요.

입시가 바뀌면서 각종 대회의 중요도가 낮아졌다고는 하지만, 여전히 참가해야 할 대회도 많습니다. 학교마다 다양한 대회가 있지만 영어 말하기 대회 예선·본선, 영어 에세이 대회 예선·본선, 수학 경시, 물리학, 화학, 생명과학, 지구과학 경시 대회는 대부분 기본적으로 치러집니다. 요즘은 UCCuser created contests 대회도 많이 치러집니다. 4월 말 중간고사가 끝나자마자 6월 중순까지 각종 대회와 체험, 동아리 활동을 하고 나면 다시 기말고사 준비 기간이 됩니다. 중학 3년이 짧은 것처럼 고등 3년도 정신없이 빠르게 지나갑니다. 영어 수행에 공을 들이고 싶어도 모의고사 준비를 제대로 해 보고 싶어도 현실은 아이들 마음을 몰라줍니다.

최근에는 진로 선택/전문 교과 과목 제도가 생기면서 심화 영어 수업이 생겼습니다. 영미 문학 읽기 수업 같은 경우 지필평가 없이 100% 수행평가로 진행되기도 합니다.

| 평가 종류 | 과정중심 수행평가 | |
|---|---|---|
| 반영 비율 | 100% | |
| 세부 반영 비율 | 50% | 50% |
| 횟수 및 평가 영역 | 감상문 작성 | 영미 시 작성 |
| 만점 | 100점 | 100점 |
| 평가 시기 | 수시 | 7월 |
| 관련 성취기준 | 문학 작품을 읽고 요약하는 글을 쓸 수 있다. 문학 작품을 읽고 감상이나 비평하는 글을 쓸 수 있다. | 문학 작품을 읽고 상황극의 대본을 작성할 수 있다. |

위의 표는 한 지방 자사고의 영미 문학 읽기 평가 기준표입니다. 감상문과 영미 시를 작성하는 수행평가가 각각 성적의 절반을 차지합니다. 초등 고학년 때부터 영어를 특기로 준비해 온 아이들은 이러한 심화 선택 과목을 자신 있게 들을 수 있을 겁니다. 한 가지 정도 특기가 될 만한 과목을 만들어 두는 것은 각종 대회나 동아리, 심화 수업을 대비하는 좋은 방법입니다. 고등 영어를 고등에 준비할 수 없는 이유입니다.

## 언어의 4대 영역에
## 소홀하지 않기

고등에서 영어를 포기하지 않고, 차곡차곡 실력을 쌓아 올리려면 초등에서 어떻게 해야 할까요? 실력을 쌓아 올릴 수 있는 틀을 만들어야 합니다. 그틀은 읽기, 듣기뿐만 아니라 쓰기, 말하기까지 언어의 4대 영역을 충실히 준비할 때 잘 만들어집니다. 너무 일찍 독해 위주, 문법 위주의 수업에 아이를 가두어 놓으면 당장에는 남보다 앞서 가는 것처럼 보일 수 있지만, 정말 실력을 발휘해야 할 때 뼈 아픈 1점 차이로 다가올 수 있습니다. 시간 여유가 있는 초등 시기, 특히 어느 정도 방향성 있는 학습이 가능한 초등 고학년 시기가 중요한 이유입니다.

이 시기에 영어에 대한 즐거운 기억, 자신감, 그리고 규칙적인 공부 습관을 만들어서 중학교에 올라가고, 중학 기간 동안 많이 읽고, 듣고, 실제 써 보고 말해 보면서 틀을 단단하게 다져 놓아야 합니다. 그래야 고등학교에 올라가서 그 틀 위에 어휘를 늘리고 독해의 깊이와 속도를 향상시켜 수능에 대비할 수 있습니다. 발표와 작문 수행평가도 부담 없이 해낼 수 있는 것은 물론입니다. 예를 들어, 문법을 배우는 내신 위주의 학원에 다니거나 독해 위주의 학습에 치중해 있다면 매일 20분씩 영어 동영상을 보고, 작문 교재를 한 권 정해 스스로 해 보는 것으로 학습의 균형을 맞춰 보아도 좋습니다.

## 계획 수립
### -수정을 통해 회복탄력성 기르기

또 한 가지, 고등학교 시기를 성공적으로 보내기 위해 미리 준비해야 할 것은 resilience 즉, 회복탄력성입니다. 그 시작은 앞서 이야기했던 계획 세우기부터 출발합니다. 초등 고학년부터 계획을 세우고, 실행하는 훈련을 시작하고, 중학 생활을 거치면서 자기 자신을 객관적으로 바라보는 눈을 길러야 합니다. 이를 메타인지라고 하죠. 실현 가능한 계획을 세우고, 실행 여부를 살피면서 수정해 가는 훈련이 되어야 합니다. 자신에 대한 객관성 없는 그저 완벽하기만 한 계획은 아이를 어느 순간 부러지게 만듭니다. 학습량이 적은 중학교까지는 그럭저럭 다시 일어설 수 있지만 고등에 가서는 주저앉게 될 위험이 높아집니다. 마음먹은 대로 되지 않을 때 받아들이고 수정하는 힘, 생각처럼 되지 않아도 포기하지 않고 계속 가는 힘이 핵심입니다.

고등학교 첫 내신과 모의고사는 중학교 때 잘했던 아이들이 잘합니다. 범위가 넓지 않고 겨울 방학 동안 준비도 많이 해 오니 대개는 그렇습니다. 하지만 1학년 후반으로 갈수록 또 2학년에 올라갈수록 하나둘 상위권에서 밀려나는 아이들이 생기고 그 자리에 새롭게 등장하는 친구들이 나타납니다. 공부의 성질이 달라진 것입니다. 고등학교 공부량은 중학교 공부량과 비교할 수가 없습니다. 중학교 때 공부 계획을 세우고 충분히 할 만큼 했다고 생각하고 시험을 봐 왔던 친구들은 고등학교에 들어와 그렇게 할 수 없는 것에 당황합니다. 모든 과목을 자기 마음에 흡족하게끔 충분히 공부하고 시험을 볼 수 있는 날이 없습니다.

초등학교 때부터 가끔 숙제를 다 못했다고 학원에 가지 않겠다는 아이들이 있죠? 수행 발표 준비를 못했으니 결석하겠다는 아이들도 있습니다. 이렇게 부러지는 아이들은 고등학교 공부가 힘듭니다. 이때 필요한 것이 회복탄력성입니다. 좀 덜 했어도, 좀 몰라도 묵묵히 흔들리지 않고 가는 성향이 유리합니다. 고등학교 상위권 아이들 중 이렇게 한두 과목 준비가 안 된 채로 시험을 보고 망치는 경험을 하고 나면 포기하는 경우가 생깁니다. 갑자기 자기는 내신을 포기하고 수능에 올인하겠다고 선언하기도 하지요. 좀 구부러져도 탄력성 있게 다시 일어날 수 있어야 공부를 할 수 있습니다. 그런 자질은 초등 고학년부터 계획과 수정을 반복하며 만들어지는 공부 습관과 그 과정에서 만들어지는 자신에 대한 믿음에서 출발합니다.

# 대학교

## ◇ 미리 보는 대학교 현실

초중고 자녀를 둔 학부모님께 대학생과 그 학생의 부모님은 부러움의 대상입니다. 12년 동안 발을 동동 구르며 애쓴 결과이니까요. 대학만 잘 보내면 세상 근심 걱정 없을 것 같아서 아이와의 관계도 조금 양보하고, 인성 교육도 살짝 모른 척해 가며 매진합니다. 수능에 매진하느라 미뤄 두었던 영어 말하기와 쓰기 같은 것도 일단 대학에 들어가서 열심히 하면 되지 싶습니다. 다음 내용을 읽어 주세요.

안녕하세요,
고려대 외국어센터입니다.

고려대학교 국제어학원 외국어센터에서는 학부생 공동교양필수 이수 교과목 Academic English 수준별 수업을 위해 온라인 영어시험을 다음과 같이 시행합니다.
**본 시험은 2022학년도 1학기에 입학한** 신입생 전원 의무시험**으로 반드시 기간에 응시하여야 2022학년도 1학기 Academic English 1 교과목 수강신청이 가능합니다.** 미응시자는 본 교과목에 대하여 수강신청을 할 수 없습니다.

- 다  음 -

**1. 평가 유형**

가. 온라인 모의토익(1차): 총 200문항 (듣기 100문항, 읽기 100문항), 총 120분
  –온라인 시험 후 고급 대상자로 분류된 학생은 개별 연락하여 원어민 교수와 1:1 화상 구술 평가 후 최종 영어수준 확정 (온라인 구술 평가 예정일: 2022.2.18(금) 오전 예정)

나. 구술 시험(2차)(고급 확정자 제외한 모든 학생) 원어민 교수 평가 후 초급/중급 확정 (개강 첫 주 실시)

대부분의 대학에서는 이렇게 입학도 하기 전부터 영어 레벨 테스트를 실시해 수강하는 과목에 차등을 둡니다.

다음 페이지에 있는 건 한양대로, 한양대의 경우 등급을 A B C로 나누어 A등급은 기초학술영어와 전문학술영어 과목 수강을 면제해 주고 고급 과정을 선택할 수 있게 합니다. 이런 시험은 학생들을 줄 세우기 위한 목적이 아닙니다. 수업을 효과적으로 진행하고, 우수한 학생들에게 더 좋은 기회를 제공할 수 있는 장점이 있으니까요. 입학할 때의 영어 실력이 전부인 것도 아닙니다. 당연히 대학 재

## 2. 수강 과목

| 등급 | 수강 과목 | 비고 |
|---|---|---|
| A |  | 1) 기초학술영어, 전문학술영어 수강 면제<br>2) 교양 선택 글로벌 영역의 고급 의사소통 4과목 중 수강 권장<br>* 교과목명 아래 표 참조 |
| B | 전문학술영어 | 1) 기초학술영어 수강 면제<br>2) 2학년 1학기 혹은 2학기에 전문학술영어 수강 |
| C | 기초학술영어 | 1학년 1학기 혹은 2학기에 기초학술영어 수강 후<br>→2학년 1학기 혹은 2학기에 전문학술영어 수강 가능 |

○ 미응시자는 C 등급으로 자동 분류됨
○ 시험 면제 대상자는 기초학술영어, 전문학술영어 수강 불가
○ 전문학술영어는 반드시 2학년 기간 중 수강해야 함 (3, 4학년에는 전공 과목 수강
  으로 전문학술영어 수강이 어려워 졸업에 문제가 생길 수 있음)

| 고급 의사소통 교과목명 | 수업 목표 |
|---|---|
| 이공계를 위한 영어 글쓰기 | 계열별 글쓰기 능력 함양<br>(Written communication skills) |
| 인문사회계를 위한 설득적 영어 글쓰기 | |
| 고급영어토론: 설득의 기술 | 고급 토론 능력 함양<br>(Oral communication skills) |
| 고급영어토론: 협상의 기술 | |

학 동안 영어를 공부해도 충분히 잘할 수 있습니다. 하지만 어쨌든 아이들의 성적표에는 어떤 영어 과목을 수강했는지 남을 것이고, 출발점에 따라 더 좋은 기회를 가지게 되는 면도 분명히 있을 것입니다. 무엇보다 대부분의 부모님이나 아이들은 이런 게 있다는 걸 생

각조차 못한다는 것입니다. 아이들이 대학교 재학 동안 신청하게 되는 각종 프로그램, 연수, 교환학생, 심지어 군 입대에 이르기까지 영어는 끝없이 따라다닙니다. 영어가 아이들을 잡아 누르는 무거운 짐이 되지 않고, 날개를 달아 줄 수 있는 플러스 알파가 되기 위해서는 긴 안목으로 천천히 준비하는 정성 어린 마음이 필요합니다. 영어 실력은 잠깐 열심히 해서 생기는 것이 아니고, 무엇보다 영어에 대한 자신감은 어쩌면 실력을 쌓는 것보다 더 오래, 더 힘들게 생기는 것이니까요.

# 초등 부모가 알아야 할 중학교에 가면 달라지는 3가지

아이들의 중학교 생활은 '짧다, 애매하다, 정신없다' 이 세 단어로 표현할 수 있습니다. 부모님들의 이상과 사뭇 다르지요? 초등학교 6년을 무사히 마치고 의젓하게 교복을 입고 뭔가 자기 계획도 잘하고 이제 좀 달라지려나 한껏 기대를 해 보지만, 사실 아이들은 달라지는 게 별로 없습니다. 좋은 의미로는 더더군다나 그렇습니다. 부모님의 기대대로 성숙해지지는 않으면서 자아는 강해져서 자기 고집이 생기고 알아서 하겠다는 말만 많아집니다. 육체적으로 훌쩍 성장하면서 정신과 신체의 부조화가 심해지니 남자아이들은 힘 조절을 잘 못해서 사소한 사건 사고를 일으킵니다. 이런 부조화 속에서 아이들은 달라지는 학교 공부를 어떻게 해 나가면 좋을까요?

중학교 3년은 참 짧습니다. 물을 때마다 초등학생이던 아는 집 아이가 중학교에 갔다고 하더니 어느새 보면 고등학생이 되어 있어서 놀란 경험들 있으실 겁니다. 초등학교 6년이 길어서 상대적으로 중학교 3년은 굉장히 짧게 느껴집니다. 자유학년제를 보낸다 하면서 이런 저런 활동을 하고 끝없는 수행평가를 하다 보면 1년이 가고, 중간·기말고사 4번(심지어 어떤 학교는 2번)을 보면 2학년이 끝납니다. 3학년은 고등학교 진학에 대한 부담으로 우왕좌왕하다가 또 훌쩍 가 버립니다. 초등학교 때처럼 생각하고 있으면 정말 허무하게 지나고 말 수 있는 것이 중학교 생활입니다.

중학 시절은 애매한 시기이기도 합니다. 초등 때처럼 편하게 놀릴 수도 없고, 그렇다고 고등처럼 당장 입시가 코앞도 아닌데 마냥 아이를 잡을 수도 없습니다. 내 아이가 무엇을 좋아하는지, 무엇을 잘할 수 있는지, 어느 정도 잘할 수 있는지 부모님도 아직 모르시니 마음만 바쁘고 우왕좌왕하기 일쑤입니다. 학원 설명회에 갔다가 특목고 입시반에 덜컥 등록하는 날도 있고, 또 어떤 날은 저렇게 해서 서울 안에 있는 대학은 가겠나 싶어 한숨이 나오기도 합니다. 어떤 날은 아이의 의견을 존중하고 어려움을 이해해 주는 좋은 부모였다가, 어떤 날은 이러다 다 늦어 버리는 건 아닐까 싶어 조급한 부모가 되기도 합니다. 초등 때도 물음표가 한가득이었지만 중등에는 그 무게에 등이 휘청합니다. 하지만 이는 결코 부모님 탓이 아닙니다. 중등은 초등과 고등 사이의 짧은 기간이라 아이에게도 부모에게도 성장과 그에 대한 적응이 필요한 힘든 시기이기 때문입니다.

무엇보다 중등 생활은 정신이 없습니다. 아이들의 멘탈은 그대로인 것 같은데 부쩍 알아서 해야 하는 일들이 많아집니다. 일일이 챙겨 주자니 힘들고, 믿고 지켜보자니 속이 탑니다. 수행평가도 과정중심평가로 바뀌어 계속해서 할 일이 생기는데 아이가 과목별로 과연 잘 챙기고 있는지 걱정입니다. 입학하고 정신없는 3월이 지나면 각종 대회가 닥칩니다. 4월 초 전국 듣기평가를 시작으로 영어 말하기 대회, 과학토론대회, ucc 대회 등 일일이 참가 신청을 해야 하고 날짜 맞춰 제출하거나 참석도 해야 합니다. 궁금해하면 간섭한다 싫어하고, 내버려두면 마감이 임박해서 어떡하냐며 들고 옵니다. 그래도 그건 낫다고들 하지요. 조용히 안 하거나 대충하고 넘어가는 경우 부모는 나중에서야 알게 되니까요. 아이들도 갑자기 챙길 게 많아진 생활이 버겁기는 마찬가지입니다. 그리고 그 정신없음의 정점에는 누구도 피해 갈 수 없는 사춘기가 있습니다. "우리 애는 빨라서 초등 5학년에 이미 사춘기가 왔어요" 하실 수도 있습니다. 기다려 보시면 그건 진짜 사춘기가 아니었다는 걸 알게 되실 겁니다. 사춘기가 들이닥치면 아이와의 소통도 끊어지고 공부 계획도 제대로 이어지기가 힘듭니다. 아침마다 영어 듣기를 20분씩 하고 갔던 착한 딸도, 자기 전에 영어 단어를 꼬박꼬박 외웠던 멋진 아들도 마치 부모 도 닦기를 시키려는 것처럼 애를 먹입니다. 그리고 정말 신기하게도 사춘기는 공부 좀 제대로 시켜 볼까 하면 마치 기다렸다는 듯 찾아옵니다.

이 모든 변화와 혼돈은 사실 '성장'과 '적응'이라는 범주 안에서 자연스러운 일입니다. 아이들이 크는 과정이니까요. 문제는 부모님이 아이의 학습에 계획을 세우실 때 사춘기는 계산에 넣지 않는다는 것이죠. 중학교에 가면 수학 선행도 좀 하고, 국어책도 좀 읽히고, 영어도 제대로 시켜 보고자 하지만 짧게는 일 년, 보통 이 년은 아이들이 사춘기라는 홍역을 앓습니다. 그리고 그 시기엔 부모의 계획 같은 건 의미가 없어집니다. 그래서 사춘기가 오기 전 초등 고학년, 아직은 부모의 설득이 받아들여지고 함께 무언가를 하는 것이 가능할 때 조금 더 준비를 하셨으면 하는 바람입니다. 그리고 그 준비 중 가장 중요한 것은 앞서 말씀드린 계획 세우기와 수정 훈련입니다. 어쩌면 이것이 초등 고학년 영어 전환기에 가장 의미 있는 활동일 수도 있을 것입니다.

# CHAPTER 2

# 독해·문법/어휘·작문 솔루션

중학교 내신과
수행 문제 분석을 통한
예방 솔루션

## 01

# 독해

중학교 영어는 기본적인 의사소통을 위한 듣기, 말하기 위주로 설계되어 있어 독해 관련 시험 문제가 그다지 어렵지 않습니다. 교과서에 사용할 수 있는 어휘나 표현의 난이도가 엄격하게 제한되어 있어서 본문 자체가 어렵지 않고, 그러다 보니 독해 부분 문제로는 변별력을 주기 쉽지 않습니다. 때문에 많은 학교에서 부교재를 사용하고, 교과서 본문을 이용한 독해 문항보다는 중학교에 들어와 새로 등장한 문법 내용이 킬러 문제가 되는 경우가 많습니다. 문제는 중학교 1, 2학년 동안 이렇게 평이했던 독해 문제가 중3이 되고, 고등학교 내신과 모의고사에서는 가장 어려운 부분이 된다는 것입니다. 그래서 초등 고학년부터 제대로 읽고 이해하는 훈련이 반드시 되어야 합니다.

다음은 강남의 한 중학교 지필고사 문제입니다. 지문에 대한 독해 문제, 즉 글의 종류를 묻는 25번 문항은 난이도 '하'에 해당하고, 문법/어법에 해당하는 26번 문제가 난이도 '중상'에 해당합니다. 대체로 중학교 독해 문제는 교과서를 충실히 익히고, 주요 표현들을 암기하면 크게 어렵지 않습니다.

---

25. 위 글의 종류로 가장 적절한 것은?
  ① 편지  ② 일기  ③ 기행문  ④ 논설문  ⑤ 전기문

26. 위 글에 나타난 동사의 과거형 개수는? (단, 중복되는 단어가 있더라도 모두 총 횟수에 포함시킬 것)
  ① 10  ② 11  ③ 12  ④ 13  ⑤ 14

---

다음 10번 문제 같은 경우는 세부 내용 파악하기 유형으로 난이도가 높은 편에 속합니다. 하지만 많은 경우 독해 문제는 난이도 '중' 정도를 유지합니다.

---

10. 위 글의 내용과 일치하는 것은?
  ① Sumi는 독도 지도를 그리고 있다.
  ② Sai의 팀이 크리켓 경기에서 이기고 있다.
  ③ 독도는 두 개의 큰 섬만으로 이루어져 있다.
  ④ Peter는 〈로미오와 줄리엣〉에 관해 국어 수업을 하고 있다.
  ⑤ Anikka의 수업에서는 안전이 최우선이기에 장갑을 끼고 있다.

---

문학에서는 재미와 감동을 느끼고, 비문학에서는 새로운 사실을 알아가는 즐거움을 알게 되는 것이 책 읽기입니다. 지구상의 7,000여개 언어 중 인터넷 정보의 60 퍼센트 이상이 영어, 한국어가 0.1 퍼센트라고 하니 영어로 글을 읽을 줄 안다면 우리 아이들은 훨씬 더 넓은 세상에 살게 되는 것이 분명합니다. 영어 읽기의 진짜 목적은 그렇게 넓은 세상에서 더 풍부한 경험과 지식을 얻기 위해서지만, 시험에서 평가의 영역이 될 때는 나름의 준비가 필요합니다.

### 학원 수업을 듣고 있다면

학원 중에서도 특히 어학원식으로 또는 미국 교과서로 공부한 아이들의 경우, 중학교 내신을 준비한다고 갑자기 해석을 시키는 학습법은 독입니다. 우리가 Tom likes pizza.라는 문장을 볼 때, '톰은/ 좋아한다/ 피자를' 하는 게 아니라 '아, 톰은 피자를 좋아하는구나' 하고 받아들이는 것처럼 이미 영어로 받아들이고 있는 아이에게 굳이 우리말로 바꾸어 해석하게 할 필요가 없는 것입니다. 일찍부터 미국 교과서 중심의 소위 어학원 방식으로 영어를 배운 아이들은 중등 입학을 전후해서 내신 위주 학원으로 옮겼을 때 생각치 못한 문제에 부딪칠 수 있습니다. 입반 레벨 테스트 때 해석 문제가 나오면 의미를 아는 단어라도 우리말 표현이 생각나지 않아 턱없이 낮은 점수를 받을 수도 있으니까요. 따라서 해석식으로 지문 읽는 것을 아이들에게 일괄적으로 적용하기보다는 아이의 영어 수준과 그간의 학습 방법을 고려해서 결정하시는 것이 좋습니다.

중학교에 들어가 낯선 문법 용어들을 보면 당장은 힘들어할 수 있지만 영어 실력이 제대로 자라고 있다면 크게 문제가 되지 않습니다. 아이가 현재의 학습법을 좋아한다면 중학교 동안에는 유지시켜도 좋습니다. 정 불안하다면 이해하기 쉬운 우리말 문법 교재를 골라 자습하면서 보완하게 해주세요. 초등학교 6학년에 미국에서 전학 온 아이가 동네에서 유명한 학원이라고 해서 등록했다가 너무나 괴로워하는 것을 본 적이 있습니다. 엄마는 시험 대비를 위해 아이들이 많이 다닌다는 학원을 택한 것인데, 알고 보니 그곳은 직독직해를 위주로 수업하는 곳이었습니다. 문장의 뜻은 알지만 우리말 표현으로 바로바로 옮기는 것이 어려웠던 아이는 한동안 생고생을 하다가 토플식 수업을 하는 곳으로 옮기고서야 자신감을 회복할 수 있었습니다.

### 엄마표를 하고 있다면

엄마표로 책을 읽어 온 아이들은 자신의 읽기 수준에 잘 맞고 관심 있는 분야의 책을 골라 읽으며 독서에 흥미를 유지하는 경우가 많습니다. 이러한 좋은 독서 습관이 시험 점수와 연결되기 위해서는 초등 고학년때부터 두 가지 면을 챙겨 주셔야 합니다.

첫째, 재미있는 스토리북을 넘어 과학, 사회 등의 비문학 부분의 읽기도 이루어져야 합니다. 아이들이 시험에서 만나게 될 글들은 거의 대부분 비문학입니다. 글의 메시지를 전달하는 방식은 문학과 비문학이 다르고, 우리말과 영어가 다르기 때문에 쉬운 단계의 비문학 읽기도 차근차근 이루어져야 합니다.

둘째, 글의 목적을 생각하며 글을 읽는 훈련이 되어야 합니다. 그동안은 영어 문장을 익히고 새 단어를 배우기 위해 영어책을 봤다면 이제는 글을 쓴 사람이 왜 이런 글을 썼고, 이 글은 무엇을 말하고자 하는 것인지, 어떤 점에서 설득력이 있는지 생각하는 것이 자연스러워야 합니다. 그래야 독해 문제를 잘 풀게 되고, 작문도 잘하게 되니까요. 처음에는 독해집을 통해 짧은 지문을 읽고 주어진 물음에 답하는 것으로 훈련을 시작해도 좋습니다. 비문학 책을 꾸준히 읽으면서, 독해집을 통해 글의 목적을 생각하고 세부적인 내용을 기억하는 훈련이 되면 최고의 효과를 낼 수 있습니다.

# 문법/어휘

다음 자료는 중학교 1학년 영어 과목 시험지입니다. 지문 속 단어에 대한 뜻과 문법적인 내용을 묻습니다. 모두 난이도 '상'에 해당하는 문제로, 앞서 말씀드린 것처럼 중학교 단계에서는 독해보다는 문법/어법 문제에서 변별력을 주는 경우가 많습니다. 문법/어법 문제 중 가장 최고난도는 지문을 주고 "밑줄 친 부분 중 문법적으로 맞는 것의 개수는?" 하고 묻는 '모두 고르시오' 문제입니다. 밑줄 친 부분이 일곱 군데라면 여섯 군데를 다 알아도 한 군데가 확실하지 않으면 여지없이 오답이 될 수밖에 없으니까요. 아이들이 정말 싫어하는 문제 유형입니다.

8. 위 글의 밑줄 친 단어에 대한 영영풀이로 맥락상 알맞지 않은 것은?

① popular: being liked by a lot of people

② batsman: a player who is pitching in a game of cricket

③ goggles: special glasses that fit close to your face. They stop things from going into your eyes.

④ language: the system of words and grammar that people living in a country or area use to speak and write to each other

⑤ social: relating to the people in a society and the way they live

9. 밑줄 친 ⓐ~ⓔ 중 문법적으로 옳은 것은?

① ⓐ    ② ⓑ    ③ ⓒ    ④ ⓓ    ⑤ ⓔ

대놓고 문법적으로 옳은 문장을 고르라고 하기도 합니다. 빈칸에 들어갈 적절한 단어를 고르라는 문제 속에서 어휘 사용을 묻기도 하고, 올바른 문법적 형태까지 묻기도 합니다. 어휘의 경우 영영풀이를 제시하고 맞는 단어를 찾게 하거나, 단어와 뜻이 잘못 짝 지워진 것을 고르게 하기도 합니다.

## 문법적으로 옳은 문장 고르는 유형

---

29. 문법적으로 옳은 문장은?

① Who are they going?

② What do subject like you?

③ Do your best friend like sports?

④ How many pen does she have?

⑤ Do Sue and Mary make cookies?

---

## 문법적으로 옳거나 틀린 문장 고르는 유형의 변형 문제 (최고난도)

---

5. 다음 중 밑줄 친 부분이 어법상 옳은 것으로만 짝지어진 것은?

> (가) They are <u>waitting</u> for the doctor.
>
> (나) The man is <u>enjoying</u> the show.
>
> (다) She is <u>flying</u> back to Korea now.
>
> (라) Tom <u>washs</u> his hands very often.
>
> (마) <u>Swimming</u> here is not safe.
>
> (바) I am <u>writting</u> an email to my friend.
>
> (사) The student is <u>trying</u> hard to pass the exam.
>
> (아) A car is <u>running</u> behind us.

① (가)(다)(마)(사)    ② (가)(라)(바)(아)    ② (나)(다)(마)(사)

④ (나)(라)(사)(아)    ⑤ (다)(마)(바)(아)

---

14. 어법상 옳은 문장은 모두 몇 개인가?

- How delicious a cake!
- She doesn't washes the dishes.
- The boys don't be late for school.
- Ben does not doing his homework.
- Are Tom and Wendy taking pictures?
- Is Wendy playing the piano yesterday?

① 0개   ② 1개   ③ 2개   ④ 3개   ⑤ 4개

학군지의 경쟁이 치열한 중학교의 경우 문법/어법 문제를 3분의 1 이상 즉, 10문제 이상 내기도 합니다. 문법은 이렇게 아이들을 괴롭히지만, 사실 중학 단계의 문법/어법은 영어 문장의 뜻을 제대로 알게 하는 데 본래의 의의가 있습니다. 동사 변형 외우느라 아이들을 힘들게 만드는 시제 문제도 사실은 어떤 일이 과거에 일어났는지, 그 일어난 일이 현재까지도 그러한지, 아니면 미래에 일어날 것인지 등을 말해 주는 것이 본질입니다.

아이들이 까다로워하는 '일치' 문제도 문장의 뜻을 정확하게 알기 위해 중요합니다. The girls who went to the party were bored. 이 문장에서 지루하다(were bored)의 주체는 파티가 아니고 그 여자아이들(the girls)입니다. 시험 문제로 나왔다면 동사의 수(단수인

지 복수인지)를 보고 빠르게 알아챌 수 있을 것이고, 내용도 정확하게 해석할 수 있을 것입니다. 지금은 예문이 간단해서 어렵지 않아 보이지만, 실제 고등학교에 가서 길고 복잡한 지문을 만나게 되면 어떤 것이 주어이고 어떤 것이 서술어인지 찾기 쉽지 않기 때문에 시제나 수의 일치는 아주 중요한 독해 무기입니다. 네다섯 줄짜리 문장을 읽을 때 앞에서부터 차근차근 해석해서는 시간 안에 문제를 풀 수 없습니다. 문장을 쭉 읽어 가며 빠르게 주어와 서술어를 찾아내고, 의미를 구체화하는 구나 절을 통해 내용을 파악하도록 돕는 것에 문법의 실제 효용 가치가 있는 것입니다.

문장의 병렬 구조 역시 장문을 읽을 때 꼭 필요한 문법 요소입니다. 다음은 2022학년도 수능영어 24번 지문 중 한 문장입니다.

"Manufacturers all work by machinery or by vast subdivision of labour and not, so to speak, by hand,"

여기서 by machinery/by vast subdivision of labour/by hand 가 병렬 구조인 걸 파악하면 순식간에 문장 뜻을 이해할 수 있습니다.

아이들이 질색하는 to부정사의 용법 역시 마찬가지입니다. 문법책에 to부정사에는 명사적, 형용사적, 부사적 용법이 있다고 설명되어 있고, 부사적 용법에는 목적, 원인, 결과, 조건이 있다고 나와 있습니다. 심지어 내신 시험 중에 "다음 중 to부정사의 용법이 다른 것은?" 하고 나오기도 합니다. to부정사의 오만 가지 용법은 아이들을 괴롭히려고 있는 것 같지만, 사실은 **He lived to be 100 years old.** 문장을 '그 사람은 100살이 되기 위해서 산 것'이 아니라 '그는 살아서 100살이 되었다'라는 것을 알려 주기 위한 것입니다.

문법은 처음 등장하는 중등 단계에서 가장 아이들의 애를 먹입니다. 하지만 고등학교 내신과 수능 단계로 가면 오히려 문법 문제는 점점 줄어듭니다. 킬러 문제는 주로 독해에서 나오지요. 특히 수능에서 문법과 어휘는 각각 한 문제만 출제됩니다. 문법/어법이 문장을 빠르고 정확하게 이해하는 역할로 바뀌는 것입니다. 그래서 문법 공부는 처음부터 공식을 외우기보다 예문, 즉 문장을 외우는 편이 맞습니다. 문법을 문법적인 정의로만 공부하면 중학교 내신 시험에선 당장 통할지 몰라도, 나중에 진짜 승부를 해야 할 때 무기가 되지 못합니다.

문법은 우리 영어 교육 환경에서 오래 묵은 숙제와도 같습니다. 부모님의 학창 시절부터 안 좋은 경험치가 쌓인 가문의 원수라고 해 두지요. 너무 오랫동안 시험 문제로만 문법을 배워 온 터라 안타깝게도 실제 기능과 중요성은 주목받지 못했습니다. 문법/어법은 말의 규칙이니 당연히 외국어를 배우는 데 중요하고, 특히 문장의 뜻을 올바르게 이해하고 나아가 빠르게 문맥을 잡아내는 핵심 요소입니다. 그래서 초등학교 때부터 언어의 4대 영역과 함께 차근차근 익혀 가는 것이 가장 이상적일 것입니다. 중학교에 가서 처음 접하게 되면 한꺼번에 너무 많은 양을 감당해야 하고 읽기와 듣기, 말하기, 쓰기에 채 적용도 못해 본 상태로 시험 준비에만 몰두하게 되는 부작용이 있을 수 있습니다.

## 학원 수업을 듣고 있다면

초등 고학년이 되어 내신 위주 학원으로 옮긴 아이라면 어지간한 문법 용어는 들어보고 중학교에 입학하게 될 것입니다. 어학원식으로 가르치는 경우에도 영어로 된 문법이든 우리말 표현으로 된 문법이든 수업이 이루어질 것이고요. 문법이 지독하게 재미없는 이유는 일단 그 용어가 너무 낯설고 어려운 데다 규칙들이 너무 많기 때문입니다. 하지만 가장 미움을 받는 이유는 도무지 이걸 왜 배우는지 이유를 모르겠기 때문입니다. 문법이 어떻게 문장 속에 녹아 있고, 그것을 아는 것으로 뜻을 정확하게 파악할 수 있다는 것을 알려 주지 못하기 때문입니다. 그래서 최소한 문법은 문장 단위로 익히고, 가능하면 문맥에서 몰 수 있으면 더 좋습니다. 특히 학원 수업에서 많이 이루어지는 틀린 것을 찾는 문제 풀이에 집중하기보다는 제대로 해석하는 데 의미를 두도록 해주세요. 문장을 일일이 해석하는 영어 학습 방법에 대해서는 의견이 분분하지만, 문법을 공부할 때만큼은 해석을 정확히 하면서 해당 문법 요소가 문장 속에서 어떻게 적용이 되는지 알고 넘어가게 해 주시면 좋습니다. 또 문법 사항마다 대표 예문을 하나씩 외워 두는 것도 좋은 방법입니다.

### 엄마표를 하고 있다면

엄마표를 하는 아이들도 보통 초등 고학년이 되면 문법책을 시작할 것입니다. 시리즈로 된 것이든 단권으로 된 것이든 심사숙고 끝에 결정한 책일 것이고요. 하지만 가능하면 문법은 여러 권으로 나누어 쉽게 설명된 것을 꾸준히 공부해 주는 것이 좋고, 그렇지 않다면 입문과 심화로 나누어 여러 권을 반복해 보면 좋습니다. 특히 문법 공부를 많이 하고도 실제 시험에서 잘 틀리는 아이들을 보면 개별 단원만 열심히 하고 통합해서 문제를 푸는 훈련이 안 된 경우가 많습니다. 예를 들어 "다음 중 문법적으로 틀린 문장을 고르시오"라는 문제를 보면 문장의 어느 부분에 의문을 가지고 봐야 하는지 출제 의도를 알아야 한다는 것입니다. 앞의 14번 문제 중 She doesn't washes the dishes. 문장을 보면 '아, 여기서는 do 동사를 이용해 부정문 만드는 방법을 묻는구나. 그렇다면 doesn't 다음에 동사원형이 나와야겠구나' 하고 생각할 수 있어야 한다는 것입니다. 개별 단원을 공부한 다음에는 몇 가지 문법 요소가 섞인 문제를 접할 수 있는지 살펴보시고 종합적으로 보는 훈련을 해 주시는 것이 좋습니다.

# 작문

중학교에서 작문은 지필평가와 수행평가 모두에서 중요한 비중을 차지합니다. 지필평가에서는 서술형 문제에서 문장을 직접 작성하게 하는 경우가 많습니다. 서술형 문제의 특성상 채점 시에 논란이 될 수 있는 부분을 최소화하기 위해 대부분 제한 요소를 둡니다. 단어 수를 제한하거나, 특정 단어를 주고 그것을 포함하여 작문하게도 합니다.

단어 수를 제한 하는 유형

20. 위 글의 내용을 바탕으로 아래 질문에 대한 답을 한 문장(주어 He 포함 총 11단어)으로 작성하시오.

Q: What is Hassan's problem?

= He _____

문장의 해석을 주는 유형 (교과서 본문을 정확하게 적어야 만점)

24. 밑줄 친 ⓐ를 영작하시오. (단, 대소문자, 구두점에 유의할 것)

_____

특정 단어를 사용해서 작문하는 유형 (목표 단어의 올바른 사용을 평가)

31. 자신이 할 수 있는 일과 할 수 없는 일을 조동사 can을 활용하여 한 문장씩 쓰시오.

〈조건〉
1. 주어, 동사를 갖춘 완전한 문장으로 작성할 것.
2. 각 문장은 적어도 4단어 이상으로 작성할 것.
3. 구체적으로 작성할 것. ex) I can do it. (X)

(1) _____

(2) _____

주어진 단어를 이용해 작문하는 유형 (핵심 단어만 주는 유형 또는 필요한 단어를 모두 주는 유형)

---

28. 주어진 단어를 반드시 사용하여 영작하시오.

    (A) 아기들은 스스로를 돌볼 수 없다.
        (babies, look after)
        → _____

    (B) 그녀는 지난 주말에 그녀의 방을 청소하지 않았다.
        (clean)
        → _____

---

무엇보다 작문 능력이 크게 필요한 것은 수행평가 영역입니다. 다양한 주제에 맞게 자료를 모으고 내용을 적게 하는 방식에는 미니북 만들기, 포스터 만들기, 만화 그리기, 홍보 전단(leaflet) 만들기, 표어 만들기 등 매우 다양한 유형이 있습니다. 영어뿐만 아니라 아이디어도 함께 들어가는 활동이라서 아이에 따라서는 더 힘들어 하기도 하고, 더 재미있어 하기도 합니다.

**수행평가 과제**　　　건강한 생활 습관 실천 캠페인 표어 제작하기

| Project Work | 건강한 생활 습관 실천 캠페인 표어 제작하기 |
| --- | --- |
| | Class (　) No. (　) Name (　　　　) |

| Group (　　　　) | | |
| --- | --- | --- |
| Category | 모둠원 이름 | 역할 분담 |
| | | |
| | | |
| | | |

표어에 넣을 내용을 정리해 봅시다.

| 표어에 넣어야 할 내용 | |
| --- | --- |
| 표어에 넣으면 좋은 단어 | |

제작한 표어를 작성해 봅시다.

표어를 소개하는 간단한 글을 작성해 봅시다.

## 수행평가 과제      재능 기부 계획서 작성

| Project Work | 재능 기부 계획서 작성하기 |
|---|---|
|  | Class (　) No. (　) Name (　　　　) |

## Plan for Donating Your Talents!

| | |
|---|---|
| Club name | |
| Members | |
| When | |
| Where | |
| How | |
| For whom | |

| Make a detailed plan for volunteer work | name ( ) | |
| | ( ) | |
| | ( ) | |
| | ( ) | |

| | |
|---|---|
| What you need | |
| Plan for donating your talents<br><br>핵심 언어 형식 및 어휘(can, be good at, will, be going to, want to, give, donate 등)을 활용하여 완전한 문장으로 작성하세요. | |

학년이 올라가면 문장의 수도 많아지고 길이도 길어집니다. 다음은 2, 3학년 수행평가지로 주제별 글쓰기에 관한 것입니다.

---

**주제별 글쓰기 (한국의 명절 소개글 쓰기)** `2학년`

| Project Work | Introducing Korean Holidays |
| --- | --- |
| | Class ( ) No. ( ) Name ( ) |

〈Activity 1〉Brainstorm about Korean holidays.
한국의 대표적인 명절을 모둠원과 토의하고 정리해 보세요.

Korean Holidays

〈Activity 2〉Choose one holiday that you want to introduce to your Australian friends and answer the questions below. 위의 명절 중 하나를 선택하여 다음 질문에 답해 보세요.

1. What Korean holiday do you want to introduce?
   _____

2. When is it? _____

3. What do Koreans wear on that holiday? _____

4. What do Koreans do on that holiday?
   _____

5. What are the special foods eaten on that holiday?
   _____

---

**수행평가 과제 2**　　주제별 글쓰기 (한국의 명절 소개글 초안 쓰기)

〈Activity 3〉Please write at least four sentences introducing Korean holidays. 위의 질문과 대답을 참고해서 한국의 명절을 소개하는 글을 작성해 보세요.

〈1차 초안〉

_____

_____

_____

_____

**수행평가 과제 3**　　주제별 글쓰기 (한국의 명절 소개글 최종안 쓰기)

〈Activity 4〉Edit your sentences with correct spellings, expressions, and grammar. 선생님과 원어민 선생님의 피드백을 참고하여 소개문의 단어, 표현, 문장 구성을 수정하여 써 보세요.

〈2차 수정안〉

_____

_____

_____

_____

〈Activity 5〉Make your ppt slide to introduce your topic.
자신의 소개글(최종안)을 ppt 슬라이드로 제작하여 제출하세요.

**Final Draft** (가족 사진 추억 글 최종안 쓰기) `3학년`

| Project Work | Narrative Essay Writing |
|---|---|
| | Class (　) No. (　) Name (　　　　　　) |

문항6〉 초안 및 동료와 검토한 내용을 바탕으로 가족 구성원과의 추억을 소개하는 최종안을 쓰시오.

〈소재 및 내용〉

1. 가족 사진 소개(말하기 발표할 부분) – 사진 속 인물, 사진 찍을 때의 시간과 장소, 그때의 주요 사건의 설명을 모두 포함하고 글이 자연스럽도록 완성하시오.
2. 가족 구성원과의 가장 인상 깊었던 일 – 가족 구성원과의 가장 기억에 남는 일의 장소, 시간, 갈등 제시, 갈등 해결, 그 일을 통해 배운 점이나 느낀 점 등을 반드시 포함하시오.

〈조건〉

1. 사진 소개 부분은 6문장 이상으로 하여 글을 완성하시오.
2. 가족 구성원과의 가장 인상 깊었던 일은 8문장 이상으로 하여 글을 완성하시오.
3. 두 사람의 Dialogue(대화)를 포함하시오. 가능한 한 다양한 동사(말하다, 묻다, 대답하다)를 사용하시오.
4. Would(~하곤 했었다) 또는 used to(~하곤 했었다), although(~이지만), too 형용사/부사 to 동사원형(~하기엔 너무 ~한)을 모두 사용한 글을 쓰시오.

Title: _____  Author: _____

1. About the Photo:

　① Who are the people in the photo? (Characters: 사진 속 가족)

　　This is a photo of _____

　② When and where was the photo taken? (Setting: Time 시간, Place 장소)

　　_____

　③ What did you do with the family member(s)? (Major Event: 사진 찍은 날 한 일)

　　_____
　　_____

　④ More information

　　_____
　　
　　_____

　　　　　　　　　　　　Photo

## 2. A Memory with a Family member: 8문장 이상!

① Who is the family member who you want to introduce? (Character: 소개하고 싶은 가족)

② When and where did the incident happen? (Setting: Time 시간, Place 장소)

③ What is the problem that you struggled with? (Conflict: 갈등이나 문제)

④ How was the conflict solved? (Resolution: 갈등이나 문제가 어떻게 해결되었는지)

⑤ What lesson did you learn after the incident? (느낀 점, 깨달음, 얻게 된 교훈)

_____

_____

_____

_____

_____

_____

_____

_____

학년이 올라갈수록, 또는 선생님의 스타일에 따라 독서와 연계하는 비중이 높아지기도 합니다. 영어책을 읽고 북리포트를 쓰는 활동을 하는 것이지요. 책을 읽고 요약하는 활동을 한 것으로 쓰기 능력을 평가하고, 그것을 발표시켜 말하기 능력까지 평가하기도 합니다. 물론 그 완성도에 대한 요구치도 다양합니다. 단순한 양식으로 적어 내게도 하고, ppt 등을 이용해 발표하게도 합니다. 중2, 3쯤 되면 제한된 시간 안에 주제에 적합한 내용을 어느 정도 유창하게 발표하는지 꼼꼼하게 평가합니다. 정답이 없는 수행평가인만큼 반드시 평가 기준(rubric)에 대한 개념을 가지고 과제를 해야 합니다.

## I. Re-read the rubric.

| 평가 요소 (만점) | | 채점 기준 및 배점 |
|---|---|---|
| 최종안 구성 및 내용 (7점) | 7 | 내용과 구성이 주제와 부합하며 제시된 모든 조건(About photo: characters, setting, major event, Memory: characters, setting, conflict, resolution, lesson & dialogues)을 만족하고, 적절한 분량(사진 소개 6문장, 추억 8문장), 내용이 참신하고 창의적으로 제시되어 완성도가 매우 높음. 이해가 쉽고 흥미로우며 문맥이 자연스러움. |
| | 6 | 내용과 구성이 주제와 연관되어 모든 조건을 만족하고, 기본적인 정보가 제시되어 있으며 완성도가 좋음. |
| | 5 | 내용과 구성이 주제와 연관되어 있으나 하나에서 두 개의 조건을 만족하지 못함. 다소 연관성이 없는 내용이 있거나 정보가 일부 부족하여 보충이 필요함. |
| | 4 | 주제와 거리가 먼 내용이 제시되어 혼란을 주고, 필요한 정보가 많이 부족함. |
| 최종안 언어 사용 (모둠) (3점) | 3 | 다양한 어휘와 표현을 정확하고 효과적으로 사용하여 어휘, 표현, 어법에 오류가 거의 없음. 목표로 하는 언어 형식을 전부 포함함. (would, used to, too ~ to, although) |
| | 2 | 표현과 어휘가 단순하며 어휘, 표현, 어법에 오류가 있고, 정확성이 다소 부족함. 목표로 하는 언어 형식이 다소 불충분함. |
| | 1 | 표현과 어휘 사용이 적절치 않고, 오류가 다소 많아 의미를 제대로 전달하지 못함. 목표로 하는 언어 형식이 전혀 없음. |

수행평가가 2019년도부터 과정중심평가로 바뀌어 실행되면서 한 가지 과제를 여러 차시에 나누어 수업하고 매 과정을 평가하게 합니다. 평가 방식도 선생님 혼자서 하는 것이 아니라 자기 평가와 동료 평가까지 포함하지요. 앞의 예는 동료 평가에 쓰이는 기준표입니다. 아이들이 친구의 발표에 7점 만점을 주려면 구성 및 내용이 주제에 부합하고 적절한 분량을 담고, 내용이 참신하고 창의적이어야 하며 완성도가 매우 높고, 이해가 쉽고 흥미로우며 문맥이 자연스러워야 합니다. 언어 사용에서는 다양한 어휘와 표현을 정확하고 효과적으로 사용하고 어휘, 표현, 어법에 오류가 거의 없고 목표로 하는 언어 형식을 전부 포함해야 한다고 되어 있습니다.

평가 기준은 조금씩 차이가 있지만 매 단계를 평가한다는 점, 교사와 동료, 자기 자신이 평가의 주체가 된다는 점은 같습니다. 양식은 조금씩 다르지만 언어면에서 발음 및 유창성, 속도 및 음량, 내용 이해, 태도 및 시선, 경청 부분을 대체로 포함하고 있지요. 주제에 따라 사전 활동지를 작성하고 초안을 작성하고, 동료의 조언을 듣고 수정하고, 최종안을 작성하고, 최종안의 언어 사용을 점검하는 것까지가 과정중심평가의 구성입니다. 이런 수업의 과정과 평가 기준을 이해하고 준비해야 수행평가에서 만점을 받을 수 있습니다. 영어를 잘하는 것은 기본 조건일 뿐입니다.

지금쯤 서술형 문제나 수행평가지를 보고 마음이 많이 무거우실 겁니다. '우리 아이가 이걸 다 해낼 수 있을까?' 하는 걱정이 드실 거예요. 하지만 이 모든 과정은 하루아침에 이루어지는 것이 아니라 하루하루 쌓여가는 것이고, 또 친구들이랑 선생님과 같이 하기 때문에 해낼 수 있습니다. 다만, 그 과정에서 아이의 좋은 역량을 더 많이 보여 주기 위해서는 초등 고학년 시기에 준비가 잘 되어야 합니다.

### 학원 수업을 듣고 있다면

초등 저학년부터 영어 학원에 다니고 있다면 아이들은 이미 비슷한 주제의 활동을 해 보고, 다양한 양식의 글쓰기를 경험했을 겁니다. 영어로 문장을 쓰는 것에도 어느 정도 자신감이 있을 것이고요. 초등 고학년에 할 일은 단지 영어로 문장을 쓰는 것에 의미가 있는 것이 아니라, 목적을 가지고 주제에 맞게 글을 써야 한다는 것입니다. 같은 내용도 계속 같은 표현으로 쓰기보다는 다양한 표현을 사용해 보려고 정성을 들여야 합니다. 길게 많이 쓴 것 같은데 감점이 발생하는 이유는 주제에서 벗어났거나 중언부언하거나 어휘를 다양하게 사용하지 못했기 때문인 경우가 대부분입니다. 숙제하는 데 마음이 급하겠지만, 작문을 하고 난 후 항상 이 세 가지를 스스로 점검하게 해 주세요. 앞의 세 가지를 질문으로 하여 셀프체크 표를 만들어 책상에 붙여 놓는 것도 추천합니다. 필요하다면 유의어 사전을 검색해서 한 번 더 문장을 다듬는 훈련이 되면 좋습니다. 네이버 영어 사전에 들어가서 단어를 검색하면 바로 아래 메뉴칸에 '유의어'가 나타납니다. 한두 단어 정도는 유의어를 검색해서 늘 쓰는 표현이 아닌 새로운 표현을 써 보게 해 주세요. 영영사전을 부담스러워하지 않는다면 thesaurus.com도 좋습니다. WRITING〉Grammar Coach로 가서 자신의 문장을 적고 해당 단어를 클릭한 다음 Reference를 누르면 유의 어를 추천해 줍니다. 문법 오류에 너무 중점을 둘 필요는 없지만 문장을 적고 Grammar를 누르면 문법 오류도 체크받을 수 있습니다. 이메일로 회원을 가 입해야 하는 번거로움이 있지만 우리나라 사이트들보다는 회원 가입이 간단 하고 무료로 이용할 수 있기 때문에 꽤 유용합니다. 이렇게 자기 글을 스스로 점검하는 눈이 생기면 단순히 문법적 오류를 찾아내는 것을 넘어 놀랍게도 좋 은 글을 쓰게 될 것입니다.

### 엄마표를 하고 있다면

엄마표로 작문을 공부하는 경우, 엄마들이 가장 염려하는 부분은 문법적 오류는 어느 정도 교정이 가능하지만 문장의 다양한 표현이나 논리적 흐름, 문단의 구조 등에 대해서는 막막하다는 것입니다. 그래서 다양한 주제의 글쓰 기보다는 문장 완성 형식의 작문 학습에 한정되는 경우가 많습니다. 하지만 틀린 문법을 고쳐 주는 것보다 맥락이 있는 글을 많이 써 보는 것이 훨씬 중요 합니다. 단일 문장 써 보기만 계속되면 주제에 맞게 글을 구성하는 것을 힘들 어하게 되어, 오히려 정확도accuracy는 높지만 유창성fluency이 떨어지는 글을 쓰게 됩니다. 이러지 않게 그림 묘사하기부터 북리포트, 저널(일기/주제에 맞는 글 쓰기)에 이르기까지 단계적으로 자기 글을 써 보게 해 주세요. 표현 때문에 막힌다면 사전이나 번역 앱으로 목표 문장을 찾아본 다음 해당하는 문법 요소 를 함께 공부하게 해 주시면 온전히 자기 언어로 만들 수 있습니다.

네이비 사전에서 '파파고'를 클릭한 다음 원하는 우리말 문장을 적으면 번 역된 글을 볼 수 있습니다. 단, 번역은 어디까지나 막히는 한두 문장을 위한 것 이고 아이디어를 얻고자 하는 것이므로 많이 사용하면 오히려 독이 될 수 있습니다. 작문 숙제가 하기 싫을 때 사용해서는 절대 안 되므로 아이의 상황에 맞춰 사용 여부를 결정해 주세요. 자기 글을 쓰는 것에 심리적으로 부담을 많이 느끼는 아이라면 좋은 샘플 작문을 따라 쓰게 하시고, 그중 일부를 조금씩 바꾸어 보게 해 주셔도 좋습니다. 이렇게 심리적 문턱을 낮춘 다음 자기 목소리를 담아 글을 쓰게 하면 됩니다.

# 초등학생에게 수능 영어 1등급이란 무엇인가?

우리 아이들의 영어 공부 목표가 수능일 수는 없지만, 초중고 12년간 영어를 공부하고도 수능을 못 본다면 그것 또한 원하는 바는 아닐 것입니다. 어쨌든 1차적인 목표는 대입을 무사히 치러 내는 것이니까요. 초등 저학년에 영어의 기초를 다질 때는 없던 고민이 고학년이 되면서 생기는 이유가 바로 이런 현실 때문일 것입니다. '과연 무엇을 목표로 해야 하는 것일까?' 중학교 내신을 목표로 할 것인가, 수능을 목표로 할 것인가 아니면 그 이상의 진짜 영어 실력을 목표로 할 것인가 갈림길에 서는 것이지요. 시기에 따라 또 아이의 진로에 따라 중점을 두는 것은 달라질 수 있지만, 대개 수능은 공통적으로 해당되는 목표일 겁니다. 대학 진학을 원하는 대부분의 아이들이 언젠가는 수능을 치르게 될 테니까요.

그래서인지 초등 고학년에 영어 좀 한다는 아이들 사이에서 고등학교 영어 모의고사 1등급을 맞았다, 수능 영어 기출 1등급을 맞았다 하는 이야기가 심심치 않게 들려옵니다. 영어를 끝내야 한다는 입소문을 중학교 때 수능 영어 문제를 다 맞혀야 한다는 것으로 이해하고 수능을 준비시키신 듯합니다. 대다수의 부모님들은 이런 얘기가 들릴 때마다 집에 있는 아이를 보면 더 불안하고 걱정이 될 수밖에 없습니다.

초등 6학년에 수능 영어를 다 맞은 아이는 분명 영어를 잘하는 아이일 겁니다. 시험 준비도 적잖이 했을 거고요. 하지만 관점을 바꿔서 질문해 보겠습니다. 왜 초등 6학년에 수능 영어를 다 맞아야 하나요? 수능 영어 만점

맞기는 아이의 영어 실력을 키워 주는 학습 목표로 적절하지도 않고, 영어에 흥미와 재미를 느끼게 하는 데도 아무런 역할을 하지 않습니다. 오히려 독이 될 수 있습니다.

수능 영어 독해는 모두 비문학 지문으로 인문, 사회, 과학 분야를 다룹니다. 일부 철학이나 과학 분야의 지문은 어른들이 우리말 해석을 읽어도 무슨 뜻인지 얼른 이해하기 힘들 정도로 추상적입니다. 어떤 시험 문제가 나오는지 체험 삼아 풀어 보는 건 나쁠 게 없겠지만 초등생이 그것을 목표로 공부하는 것은 오히려 영어에 흥미를 떨어뜨리는 결과를 가져올 수 있습니다. 단지 부모의 자랑이 되기 위해서 또는 시험 준비를 끝냈다는 안도감을 위해서 그런 리스크를 감수할 필요가 있을까요? 초등 시기는 재미있고 흥미로운 이야기를 많이 읽고, 듣고, 자신의 목소리를 담아 많이 써 보고 말해 봐야 할 때입니다. 그래서 영어의 기본도 쌓고 즐거운 경험을 바탕으로 자신감을 충전해야 하는 때인 것이죠.

초등 고학년에 영어 준비가 많이 되어 있어서 굳이 시험 대비 형식의 영어 학습을 하고 싶다면 수능보다는 토플 방식을 권하고 싶습니다. 토플은 영어를 모국어로 쓰지 않는 학생들을 대상으로 미국 대학에서 수업을 잘 따라갈 수 있는지 여부를 알기 위해 만든 시험입니다. 대입과 연관한다는 점에서 언뜻 수능과 비슷한 것 같지만, 두 시험은 차이가 있습니다. 우선 수능은 등급을 내기 위한 시험, 즉 영어 능력 자체보다는 시험 스킬 부분이 많이 요구되는 시험입니다. 일정 비율의 1등급을 내야 하기 때문에 등급을 가르는 킬러 문항이 존재하고, 이것들이 초·중등 아이들에겐 말도 안 되게 어려울 수 있습니다. 이런 문제를 해석하고 이해하기 위해 시간을 보낼 필요는 없습니다. 반면, 토플은 수험자의 언어 능력을 측정하고자 하는 목적이 있어서 수능보다는 실제 영어 실력을 평가해 보는 데 효과적입니다. 더욱이 토플은 프라이머리 토플이나 주니어 토플 등 연령에 따른 다양한 문제 풀이가 있어서 굳이 성인용 토플 문제를 바로 접하지 않고도 학습이 가능합니다. 또 일 년에 한 번 시행되는 수능에 비해 그간에 쌓인 양질의 기출 문항이 훨씬 많은 것도 장점입니다. 시험 문제를 출제하는 데는 많은 비용과 시간이 들어가기 때문에 생각보다 좋은 문제를 접하는 것은 쉽지 않습니다. 고등학교에서 영어를 잘하는 아이들이 사설 모의고사보다 평가원 모의고사나 수능이 더 쉽다고 말하는 것도 같은 이유 때문입니다. 지문이 논리적이고 선지의 정답이 명백하니까요.

아이가 영어를 잘하면 그 능력을 점수화해 보고 싶은 마음이 드는 건 당연합니다. 특히 초등 고학년은 영어 지필시험을 보지 않고, 본다고 해도 턱없이 쉬운 경우가 많아 어디에 기준을 두어야 할지 알 수가 없으니까요. 그래서 에이알AR이나 렉사일Lexile 같은 리딩 지수에 신경이 쓰이고, 학원 레벨에 마음이 흔들릴 수밖에 없습니다. 하지만 초등 6학년에 수능 1등급을 받는다 한들 영어 공부는 끝나지 않습니다. 오히려 준비가 다 되었다고 방심하고 소홀히 하면 정작 고등학교 내신과 수능에서 성과를 보지 못할 수도 있습니다.

아이들을 키워 보셨으니 아실 겁니다. 아기를 키우면서 '나중에 어차피 밥 먹을 거니까 아예 처음부터 밥을 먹이자'라고 할 수는 없는 노릇입니다. 이유식을 먹고 죽을 먹고 진밥을 먹는 단계를 지나가야 합니다. 이유식도 얼마나 순서를 지켜가면서 먹였는지 기억나실 거예요. 영어 공부도 마찬가지입니다. 우리 아이가 밥 잘 먹는 씩씩한 아이가 되기를 바라며 이유식과 죽을 먹였던 정성만큼, 영어 실력도 튼튼하게 쌓으려면 서두르지 말아야 합니다. 아이 나이에 맞는 흥미로운 주제로 읽고 듣고 쓰고 말하면서 영어에 대한 즐거운 기억과 자신감을 기르는 것이 최우선입니다.

# CHAPTER 3

# 듣기·말하기 솔루션

중학교 내신과
수행 문제 분석을 통한
예방 솔루션

# 01

# 듣기

듣기는 초등학교까지는 아이들의 실력을 가늠하기 가장 어려운 영역입니다. 듣고 고개를 끄덕이거나 웃고 있는 것으로는 실제 어느 정도 이해하고 있는지 알기 힘드니까요. 책을 읽고 독해 문제를 풀거나 말을 하거나 무언가를 써서 내는 것으로 자신을 드러낼수 없으니 아이들 스스로도 딱히 신경 쓰지 않고 있기 쉽습니다. 그러다가 중학교에 입학하면 당장 일 년에 두 번씩 전국 단위 듣기평가를 보게 됩니다. 요즘은 자유학년제로 1학년에 지필시험을 거의보지 않으니 대부분의 아이들에게는 공식적인 첫 영어 시험이 되기도 하겠죠.

중1 정도라면 난이도가 높지 않아서 조금만 준비하는 것으로충분할 수 있습니다. 하지만 낯선 시험 방식이고 한 번 지나가면 다시 들을 수 없는 듣기평가의 특성상 아이들의 긴장도는 높은 편입니다. 긴장도를 낮추려면 기출 문제를 풀어서 시험 방식에 익숙해지도록 하는 것이 좋습니다. 인터넷을 검색하거나 온라인 학습 프로그램 등에서 제공하는 기출 문제 강의를 통하면 쉽게 접하실 수 있습니다.

문제는 학년이 올라가면서 어려워진다는 데 있습니다. 중1 문제의 경우, 정답의 힌트가 될 수 있는 단어들이 반복해서 등장하기 때문에 핵심 단어를 놓친다 해도 정답을 놓칠 확률은 낮습니다. 2022년 4월에 시행된 중1 듣기평가 문제를 보겠습니다.

17번 대화를 듣고, 남자가 휴일에 한 일로 가장 적절한 것을 고르시오.

W: Good morning, Dongjoon. How was your holiday?

M: It was great! I planted flowers in my garden.

W: That's interesting! What kind of flowers did you plant?

M: They were roses and sunflowers. I hope they grow well.

W: Wow, you had a wonderful holiday.

---

17. 대화를 듣고 남자가 휴일에 한 일로 가장 적절한 것을 고르시오.
① 꽃 심기   ② 창문 닦기   ③ 그림 그리기   ④ 뮤지컬 보기   ⑤ 친구 만나기

plant(심다) 단어를 몰라도 flower(꽃)가 두 번이나 등장하고, roses(장미)나 sunflowers(해바라기) 같은 힌트 단어도 주어집니다. 중1 단계에서는 문제를 꼬거나 한 번 더 생각하게 하거나, 함정이 되는 단어들을 넣지 않기 때문에 정답을 쉽게 고를 수 있습니다. 중2까지도 이러한 기조는 유지됩니다. 하지만 중3이 되면 분위기가 조금 달라집니다. 비슷한 문제를 비교해 보겠습니다.

중2

---

13. 대화를 듣고, 여자가 지불해야 할 금액으로 가장 적절한 것을 고르시오.
  ① $ 10   ② $ 12   ③ $ 20   ④ $ 24   ⑤ $ 30

---

중3

---

16. 대화를 듣고, 남자가 지불할 금액을 고르시오.
  ① $ 40   ② $ 70   ③ $ 105   ④ $ 110   ⑤ $ 115

---

문제는 지불해야 할 금액을 묻는데, 지문을 보면 아이들에게는 결코 같은 문제가 아닙니다.

🔊 중2

---

13번 대화를 듣고, 여자가 지불해야 할 금액으로 가장 적절한 것을 고르시오.

---

M: Hi, welcome to Central Aquarium. How may I help you?

W: Hi, I'd like to buy two tickets, please.

M: No problem. It's 12 dollars for each person.

W: Do you have any discounts for students?

M: Yes, we do. There's a 2-dollar discount.

W: Then, it's 10 dollars each, right?

M: Yes. Your total will be 20 dollars.

W: Here you are. Thanks.

🔊 중3

16번 대화를 듣고, 남자가 지불할 금액을 고르시오.

W: Welcome to Central Swimming Pool. How may I help you?

M: Hello. I'd like to sign up myself and my son for swimming classes.

W: Alright. How old is your son?

M: He's eight.

W: Okay. The adult class is 70 dollars and the child class is 40 dollars.

M: Alright. Is there a discount if we sign up together?

W: Yes. You'll get 5 dollars off the total.

M: Great. Then, I'll sign up both of us for the classes. Here's my credit card.

중2에서는 각각 12달러인 표를 두 장 구매하면서 2달러씩 할인을 받는다는 내용에, "그러면 각각 10달러네요, 맞죠?" "네, 총

20달러입니다." 하는 친절한 대화가 이어집니다. 하지만 중3에는 수영장을 등록하면서 어른은 70달러, 어린이는 40달러라는 안내를 받고, 총액에서 5달러 할인을 받습니다. 그러고는 바로 등록하겠다는 대화로 마무리되죠. 70달러에 40달러를 더하고 다시 5달러를 빼는 계산을 대화를 들으며 직접 해야 합니다. 한 번 더 생각하는 과정이 들어가는 셈입니다.

또 조금 더 꼼꼼하게 빠짐없이 들어야 하는 면도 생깁니다. 핵심 단어를 한 번 놓쳐도 정답을 고를 수 있던 중1과 달라집니다.

> 12번 다음 표를 보면서 대화를 듣고, 남자가 구입할 아이스크림 케이크를 고르시오.
>
> W: Hi, how may I help you?
> M: Hello, I'm looking for an ice cream cake for my three-year-old daughter.
> W: Aright. We have these puppy- and kitten-shaped ones for kids that age.
> M: She really likes cats, so I'll go for a kitten cake.
> W: Okay. They come in two flavors, chocolate and strawberry.
> M: She prefers chocolate to strawberry. So, I'll take a chocolate one.
> W: Sure. Do you want a message on the cake?
> M: No, thanks.
> W: Okay. I'll get that ready for you.

| | Ice Cream Cake | Shape | Flavor | Message |
|---|---|---|---|---|
| ① | A | kitten | chocolate | X |
| ② | B | kitten | chocolate | O |
| ③ | C | kitten | strawberry | X |
| ④ | D | puppy | strawberry | O |
| ⑤ | E | puppy | chocolate | X |

아빠가 딸을 위해 어떤 모양의 케이크를 고를지, 어떤 맛으로 할지, 메시지를 남길지 말지 세 가지 요소를 모두 들어야 정답을 맞힐 수 있습니다. 하지만 이 정도면 여전히 친절한 지문입니다. 틀리게 하기보다는 맞히게 하려는 문제니까요. puppy(강아지) 모양과 kitten(새끼 고양이) 모양 중에 고르라고 하자 아빠는 딸이 cats(고양이)를 좋아한다고 말합니다. kitten이 '새끼 고양이'인지 모른다면 당황스럽겠지만, 친절하게 kitten 케이크를 사겠다고 이어 말합니다. chocolate(초콜릿)과 strawberry(딸기) 맛 중에 고르라고 하자 She prefers chocolate to strawberry.(딸아이는 딸기보다 초콜릿 맛을 좋아해요.)라고 답합니다. prefer A to B를 이용해서 초콜릿을 더 좋아한다고 말한 것입니다. 하지만 이번에도 친절하게 그래서 초콜릿 케이크를 사겠다고 이어 말합니다. 학년이 올라가고 난이도가 높아지면 뒤에 오는 친절한 문장들은 없어지겠죠?

고등학교에 가면 수능 형식의 모의고사를 치르면서 듣기 평가 비중이 늘어납니다. 수능 영어 영역 45개 문항 중 17개가 듣기 평가입니다. 당연히 문제 난이도도 높아지고, 집중해야 하는 시간도 늘어나니 부담일 수밖에 없습니다. 고교 과정은 결국 수능을 목표로 달리다 보니 내신 영어 시험에도 듣기 영역을 출제하는 학교가 있습니다. 소위 영어 수준이 높은 학군지의 경우 변별력 확보를 위해 수능 형식 이상의 높은 난이도로 출제하기도 하지요.

## 체크 포인트와 맞춤 솔루션

학년이 올라갈수록 듣기 시험은 어려워지지만, 의외로 듣기 공부를 따로 하는 경우가 많지 않고, 하더라도 학습량이 많지 않은 경우가 대부분입니다. 듣기는 조금씩 꾸준하게 시간을 들여야 하는 만큼 초등 고학년 시기를 잘 보내는 것이 중요합니다. 특히 듣기 관련 시험이 없는 시기이기에 꾸준하게 흔들리지 않고 할 수 있도록 해야 합니다.

### 학원 수업을 듣고 있다면

학원에서 수업을 해 왔다면 그 과정 안에 듣기 교재가 있는지 살펴주세요. 대개는 비중이 크든 작든 듣기 문제 풀이를 포함하고 있을 것입니다. 그러면 아이들은 지문을 듣고, 문제의 답을 찾는 것에 어느 정도 훈련이 되어 있을 것이고요. 하지만 초등 단계의 듣기는 짧은 지문을 통한 문제 풀이에 그쳐서는 안 됩니다. 듣기의 진짜 목적은 듣기평가가 아니라 듣기 과정을 통해 영어의 좋은 인풋input을 얻는 것이니까요. 따라서 학원 수업이나 숙제 외에 아이가 즐겁게 들을 수 있는 '들을거리'를 만들어 주셔야 합니다. 아이의 관심사에 맞는 비디오 클립이나 드라마, 영화, 만화, 다큐멘터리 등 영어로 된 자료들을 보고 들을 수 있게 해 주세요. 유튜브에는 스크립트(자막)를 제공하는 기능이 있어 모르는 표현이 나올 때 찾아보기에도 좋습니다. 계속해서 새로운 것을 보기보다는 여러 번 반복해서 보는 것이 좋습니다. 처음에 영상을 보면서 들어본 후, 나중에 영상을 보지 않으면서 듣기만 해 보면 또 색다른 느낌이 들어서 아이들이 흥미로워합니다. 한 주제로 여러 영상을 보고 난 후에는 영상 없이 오디오만 듣는 것을 먼저 해 보아도 좋습니다. 그런 다음 영상을 보면 의미가 더 선명해지기 때문에 더욱 재미를 느끼게 됩니다.

## 엄마표를 하고 있다면

엄마표로 듣기를 한 아이들은 자신의 흥미에 맞는 영상 보기가 더 잘 되어 있을 수 있습니다. 그 과정에서 영어를 통해 새로운 지식을 얻고, 재미와 감동을 얻는 좋은 경험을 했을 것이고요. 초등 고학년이 되면 이제는 일정 시간을 집중해서 듣고, 그 안에서 목적으로 삼는 정보를 찾아내는 훈련이 시작되어야 합니다. 시중의 리스닝 교재나 온라인 학습 등을 이용해서 조금씩 문제 풀이 경험을 쌓게 해 주세요. 중학교부터 시행되는 듣기평가는 단시간에 매우 집중해야 하는 시험이어서 훈련이 필요합니다. 잠시만 딴 생각을 하거나 모르는 단어에 당황하는 사이 지문 하나가 끝나 버리니까요. 조금씩 꾸준하게 해 갈 수 있도록 학습 계획에 포함시켜 주세요.

## 02

# 말하기

_____

지필평가에서는 말하기를 직접 평가할 수 없기 때문에 주로 자연스럽거나 어색한 대화를 고르라거나, ABAB 대화 구조의 문장을 완성하라거나, 질문에 대한 답을 찾으라는 유형의 문제가 등장합니다. 주로 난이도 '하'에서 '중'에 해당하는 쉬운 문제로, 반드시 다 맞혀야 합니다. 중학교 내신의 경우 교과서에 나오는 대화문을 잘 암기하고, 문제 풀 때 실수만 하지 않으면 크게 문제되지 않습니다.

# 자연스럽거나 어색한 대화를 고르라는 유형

## 7. 글의 흐름상 대화가 어색한 것은?

① A: Do you have many books?

   B: Yes, I do.

② A: Do they go to school?

   B: No, they don't.

③ A: What does she do every morning?

   B: She read a newspaper.

④ A: Does Tom live in Seoul?

   B: Yes, he does.

⑤ A: Does she like apples?

   B: No, she doesn't.

## 14. 대화가 자연스러운 것은?

① A: Who are they?

   B: They are new students from China.

② A: Is Jack kind?

   B: No, he doesn't.

③ A: Are Jane and Tom friends?

   B: Yes, they do.

④ A: Which school do you go to?

   B: I go to Gangnam Station.

⑤ A: Are you a student?

   B: No, you aren't.

## ABAB 대화를 완성하는 유형

11. 빈칸에 알맞은 말은?

A: Where's Kevin?
B: He's in the art room.
A: _____
B: He's painting a picture.

① What's he doing there?
② Why he is doing there?
③ When did he go there?
④ What'd he do to go there?
⑤ Who did he go there with?

## 질문에 대한 답을 요구하는 유형

15. 아래 빈칸을 채울 수 없는 말은?

I'm sorry, but I can't. _____

① I'm busy now.
② I'd be happy to help.
③ Take it to a repair shop.
④ Why don't you ask Sumi?
⑤ My hands are full at the moment.

6. 아래 물음에 대한 답으로 적절하지 <u>않은</u> 것은?

How are you doing?

① So-so.　② Irregular.　③ Embarrassed.
④ Bored.　⑤ Don't even ask.

◇　**영어 수행평가 진행 방식**

　　문제는 수행평가입니다. 말하기는 쓰기와 함께 수행평가의 큰
축을 차지하며, 잘하는 아이들에게는 한없이 시시하고 못하는 아이
들에게는 세상 부담스러운 영역입니다.

　**말하기 평가 방식**

　　우선 순수하게 말하기만 평가하는 방식이 있습니다. 예를 들
어 교실에서 아이들이 대기하고 있고, 한 명씩 복도로 나와 선생님
과 일대일로 평가하는 유형이 대표적이죠. 아이가 통 속에 들어 있
는 여러 가지 문제지 중 하나를 뽑아 주어진 시간에 대답하는 방식
입니다. 어떤 문제가 걸릴지 모르니 약간의 운도 작용하긴 하지만
따로 준비가 필요하지도 않고 몇 분이면 끝나니 부담이 없습니다.
What is your favorite sport?(너는 어떤 운동을 좋아하니?)를 뽑았다고

가정해 볼까요? 문제도 쉽고 답도 쉬우니 다행인가요? 이 질문에 아이는 어떻게 1분 동안 답해야 할까요? 준비 없이 나간 아이는 I like soccer.(저는 축구를 좋아해요)라고 하고는 눈만 껌뻑껌뻑하게 될 겁니다. 왜 축구를 좋아하는지, 축구를 얼마나 자주 하는지, 좋아하는 축구 선수는 누구인지 이야깃거리는 많습니다. 축구를 왜 좋아하는지 두세 가지 이유를 들 수도 있지요. 축구에 대한 즐거운 추억을 이야기할 수도 있습니다. 이 정도를 말하는 건 높고 어려운 수준의 영어가 필요하지 않습니다. 다만 한 번 해 본 아이와 안 해 본 아이의 차이만 있을 뿐입니다. 영어 글쓰기에 익숙한 아이들은 말도 그렇게 해야 하는 것을 압니다. 내가 하는 어떤 말에 힘이 실리려면 반드시 구체적인 예가 따라와야 하고, 내 생활과 연관된 경험으로 살을 붙이면 높은 점수를 받는다는 것을 알지요.

### 읽기, 쓰기와 연계하는 방식

두 번째 방식은 읽기나 쓰기와 연계하는 것입니다. 질문지에 답을 적는 것으로 쓰기 평가를 한 후, 그것을 수정하고 암기해서 말하기 평가를 하는 방식이 있습니다. 책이나 글을 읽고 하기도 하고 어떤 주제에 대해 학습한 후 선생님이 질문지를 주시기도 합니다. 학교에 따라 선생님에 따라 다르긴 하지만 질문지를 가정으로 보내 수성하고 순비해 오도복 하기도 하고, 모든 과정을 학교에서 하는 경우도 있습니다. 전자의 방식은 늘 형평성 논란이 있습니다. 부모님이나 학원의 도움을 받아 잘 수정한 다음 암기해 가면 불공평하다는 것입니다. 하지만 아이들이 꼭 어른들의 도움을 받는 것도 아니고, 이 방식은 아이들이 준비 과정에서 영어를 공부하게 되는 효과가 있습니다. 평가는 아이들을 줄 세우는 목적도 있지만 그 과정을 통해 학습을 시키는 목적도 있으니 좋은 면도 있는 셈입니다. 후자는 어른들의 개입 여지가 없으니 공정하고, 어쨌든 학교에서 다 해결하니 부모님 입장에서는 편하다고 할 수도 있습니다. 하지만 이 방법은 원래 영어를 잘하는 아이에게는 유리하지만 마음먹고 잘해보고 싶은 아이에게는 역전의 기회를 주지 않습니다. 공정성을 위한 방법이 오히려 불평등을 고착시킨다는 의견도 있고요. 결국은 내 아이에게 유리한지 불리한지가 의미 있게 됩니다.

### 프레젠테이션 방식

세 번째 방식은 프레젠테이션입니다. 암기할 필요는 없지만 자료를 준비하고 작성하고 발표 연습을 해야 하니 시간과 공이 가장 많이 듭니다. 아이들 대부분은 파워포인트 등의 프레젠테이션 자료를 만드는 데 시간을 많이 씁니다. 애니메이션이라도 하나 넣으려면 시간이 꽤 걸리니까요. 그러느라 정작 발표 준비를 하는 데 시간을 못 씁니다. 눈맞춤, 자세, 목소리, 특히 제한 시간 등을 지키는 것 모두 평가 요소인데 말이죠. 따라서 부모님께서는 준비 시간 안배를 잘해서 발표 연습도 충분히 할 수 있게 해 주셔야 합니다.

많이 읽기만 한다고 저절로 잘 쓰게 되는 게 아닌 것처럼, 많이 듣기만 한다고 잘 말할 수는 없습니다. 학습 여건과 아이의 영어 학습 정도에 따라서 맞춤 계획을 세우게 도와주셔야 합니다. 특히 말하기는 가장 적극적으로 자신을 표현하는 방식이라 다른 어떤 영역보다 아이의 성향을 고려해 접근하셔야 합니다. 자신이 아는 것을 남 앞에서 이야기하는 걸 좋아하는 아이에게는 영어로도 그럴 수 있는 기회를 주어야 하고, 매사 조심스럽고 심사숙고해서 실수 없이 하는 것을 좋아하는 아이에게는 안전하게 연습하고 말할 수 있는 학습 방법을 제시해 주어야 합니다.

### 학원 수업을 듣고 있다면

학원에서 진행하는 말하기 수업이 신변잡기적인 대화에 머물러 있지는 않은지 점검해 보세요. 주제에 대해 말하거나, 자료를 읽고 정리해서 말하는 연습 즉, 사고력이 포함된 말하기 수업이 되고 있는지 상담 시간에 꼭 확인하시고, 부족하다면 다른 방법으로 채워 주셔야 합니다. 초등 고학년 정도면 주어진 질문에 몇 가지 문장을 구성해서 답을 할 수 있어야 합니다. AB식 대화, 즉 단답형 질의문답만으로는 중등 이상의 과정에서 충분하지 않습니다. 우리 아이들이 영어를 배우는 목적하고도 맞지 않고요. 따로 수업을 보충하기 힘들다면 아이들이 작문 시간에 쓴 것을 외워서 말하게 해 봐도 좋습니다. 작문할 때 이미 한 주제에 맞추어 여러 문장을 써 보았을 테니 그것을 외워서 말해 보면 저절로 말하기 연습이 되는 효과가 있습니다. 학원이나 학교에서 적극적으로 발표하지 못하는 아이라면 집에서 따로 말하기를 녹화해 보게 하면 좋습니다. 기록으로 남겨 두면 나중에 발전한 모습을 스스로 볼 수 있고, 그 과정에서 자신감을 얻을 수도 있으니까요. 처음 시작이 부담스럽다면 재미있는 음성 변조 앱을 이용해서 시도해 보아도 좋습니다. 인스타그램의 릴스 녹화 기능에는 재미있는 효과가 많아서 외워서 말하거나 발표 연습을 할 때 좋은 동기가 될 것입니다.

## 엄마표를 하고 있다면

엄마표로 공부하는 아이들은 아무래도 영어로 말하는 기회가 적을 수밖에 없습니다. 많은 경우 따로 전화 영어나 화상 영어 수업을 병행하기도 하지요. 하지만 전화 영어 등은 아이가 준비 없이 응하면 간단한 일상 대화나 단답형 대답으로 시간을 때우는 경우가 많습니다. 전화 영어도 반드시 할 말을 미리 준비하고 연습해 본 다음 할 수 있게 해 주시고, 예습이 어렵다면 그날 나온 이야기를 다시 정리해서 쓰거나 말해 보는 것으로 복습하게 해 주세요. 습관적으로 잠깐씩 전화를 받는 건 학습에 큰 도움이 되지 않습니다. 따로 말하기 연습을 하고 싶다면 아이가 좋아하는 만화나 영화 속 긴 대사를 외워 보게 해 주셔도 좋습니다. 긴 대사는 표현하고자 하는 메시지가 분명히 있는 경우가 많아서, 대사를 받아 적고, 뜻과 문장 구조를 파악하고, 또 암기하는 과정에서 큰 공부가 됩니다. 등장인물을 흉내 내며 말하기 연습을 하는 것도 훌륭한 말하기 학습법입니다. 집에 형제자매가 있다면 대사를 외워 주고받는 놀이를 해도 좋고, 남 앞에서 이야기하는 것을 좋아하는 아이라면 선생님 놀이처럼 동생에게 들려주는 기회를 주어도 좋겠죠.

## 부모가 영어를 못해서, 돈이 없어서, 강남에 안 살아서

방학이 되면 대치동 학원가 주변에는 엄청난 교통체증이 생깁니다. 외지에서 소위 대치동으로 유학 온 아이들과 그 부모들의 유동 인구를 실제 체감할 수 있을 만큼 많아지죠. 아침에 와서 저녁까지 두세 개 수업을 듣는 친구들이 있는가 하면, 지방에서 온 친구들은 단기 숙소에 머물기도 합니다. 중학교 때 아이가 오전 9시 과학 수업에 다녀와서 놀라며 얘기한 적이 있습니다. "엄마, 제주도에서 오는 친구도 있고 대전에서 오는 친구도 있어요." 학원 수업이 시작되는 오전 9시나 오후 6시경의 정체는 말할 것도 없고, 학원들이 수업을 마치는 밤 10시가 되면 대치동 길거리는 불꽃축제 인파 마냥 아이들로 가득 찹니다.

대치동이 성적을 올려 주는 이유는 유명한 학원, 잘 가르치는 선생님들이 많아서라고 알고 있지만, 그보다 더 중요한 사실이 있습니다. 아이들이 정말 공부를 많이 한다는 것입니다. 어려서부터 그 어마어마한 양과 시간에 익숙해지고, 나 혼자가 아닌 주변 모두가 그렇게 하기 때문에 자연스럽게 그런 생활을 하는 것이죠.

대치동의 힘은 결국 공부 양과 시간에 대한 기준입니다. 요즘은 인강이 잘 되어 있어서 사실 양질의 수업은 전국 어디에서나 들을 수 있습니다. 다만 옆에서 함께 수업 받는 친구들이 없을 뿐이죠. 영어 단어를 10번 써 보고 '다 외웠다'라고 생각하는 것과 영어 단어가 들어 있는 문맥을 확인하고 그 문장을 외우고 단어의 뜻을 영영으로 영한으로 찾아 확인하고 그 단어를 넣어 새 문장을 만들어 본 후 '다 외웠다'라고 생각하는 그 '기준'이 다른 것이 훗날 엄청난 차이를 만들어 내는 것입니다. 대치동에 살지 않아 아이에게 못해 주고 있다고 느낀다면 바로 이 핵심을 기억하시면 됩니다. 기준을 높이고 주변의 공부량에 만족하지 않고 나만의 습관을 들인다면 몸이 대치동에 있지 않아도 그 이상의 효과를 얻을 수 있습니다.

강연이나 학원 등에서 부모님들을 만나면 가장 많이 듣는 얘기 중 하나가 "선생님 아이는 좋겠어요. 엄마가 영어를 잘해서"입니다. 그다음으로 이어지는 말은 "저는 영어를 못해서 아이한테 미안해요"이죠. 정말 이상하게도 수학이나 국어를 못한다고 아이에게 미안해하지는 않는데, 유독 영어만 부모 특히 엄마의 자책으로 이어집니다. 왜 엄마가 영어를 잘해야 아이가 영어를 잘한다고 생각할까요? 집에서 아이와 영어로 대화를 해 주면 아이가 영어를 잘할 거라는 착각 때문일 겁니다. 물론 생활영어를 잘하는 데는 도움이 될 수 있을 겁니다. 하지만 우리 아이들이 영어를 배우는 목적은 제대로 읽고 들어서 자신의 논리를 담아 말과 글로 표현하기 위한 것이지 단지 생활영어를 배워서 영어로 쇼핑을 하고 여행을 하기 위해서가 아니기 때문에 엄마와 하루 몇 마디를 나눈다고 해서 큰 도움이 되지 않습니다. 오히려 가장 중요한 애착관계에 있는 엄마가 불쑥불쑥 영어로 질문을 하고, 자신이 거기에 대답하지 못한다면 아이가 받는 좌절이 더 커집니다.

영어 선생님 가정의 아이들이 영어를 못하는 사례는 매우 많습니다. 오죽하면 영어 학원 오래하려면 아이 영어 실력 들통나기 전에 유학 보내야 한다는 원장님들의 농담이 있을 정도니까요. 오히려 아이와 함께 영어 만화를 보고 함께 재미있어 하고, 아이가 오디오북을 읽고 나면 내용에 대해 물어주고, 이 단어가 뭐냐고 물어볼 때 같이 찾아보자고 자연스럽게 말해 주는 엄마가 좋습니다. 한 가지 더 욕심을 내자면 엄마도 영어로 된 영화를 보거나 노래를 들으면서 영어를 자연스럽게 받아들이는 모습을 보여 주면 최고입니다. 엄마가 영어를 못해서 아이가 영어를 못한다면 그건 엄마와 영어로 대화를 못해서가 아니라 엄마가 영어를 두려워하고 싫어하기 때문일 겁니다. "저는 자막 읽는 게 귀찮아서 미드도 안 봐요"라고 하면서 "너는 영어책 읽어라"라고 한다면 아이가 그것을 숙제 이상으로 느끼기는 힘들 테니까요.

아이가 감기에만 걸려도 '어제 옷을 얇게 입혔나, 아이스크림을 괜히 사 줬나, 피곤해했는데 비타민 먹이는 걸 깜박했네' 하면서 100가지 자책을 하는 게 엄마입니다. 그러니 내가 영어를 못하는 것도 대치동 학원에 보내지 못하는 것도 마음의 짐이 되는 것은 당연합니다. 엄마는 아이에게 늘 최고를 주고 싶고, 아쉬운 점을 만들고 싶지 않으니까요. 하지만 엄마가 영어를 잘해도 영어 못하는 아이가 수두룩하고 대치동 학원에서 열심히 공부하는 아이들만큼 같은 건물 지하의 PC방은 아이들로 꽉 차 있습니다. 앞서 말씀드린 것처럼 겉으로 드러나는 조건보다 그 본질을 이해하고 실천하는 것으로 아이에게 절대 부족하지 않은 환경을 만들어 줄 수 있다는 믿음을 가지시길 바랍니다.

# PART 3

## 아무도 알려 주지 않는
## 대한민국 영어 교육의
## 현실과 진실

# CHAPTER 1

## 영어 괴담에 대한 진실과
## 풍문의 해명

# 영어는 중학교 때 끝내야 한다?

영어는 중학교 때까지 끝내야 한다는 주변의 이야기 많이 들어 보셨을 겁니다. 정말 맞는 말일까요? 강연에서 이 질문을 드리면 '아니라고 말해 주세요' 하는 애절한 눈빛과 체념하듯 고개를 끄덕이는 모습, 그리고 '설마?' 하며 고개를 좌우로 흔드는 모습까지 다양한 반응을 보입니다. 굳이 답을 드리자면, 이 표현은 맞기도 하고 틀리기도 합니다. 중학교 때까지 영어의 틀을 충분히 다져 놓으라는 의미면 맞는 말이고, 중학교 이후로 영어는 하지 않아도 된다는 뜻으로 받아들인다면 명백히 틀린 말입니다.

## ◇ 영어로 시간을 번다면 맞는 말

먼저, 영어는 중학교 때까지 끝내야 한다는 말이 맞는 경우입니다. 아이들의 10대 후반은 여러 가지로 중요한 시기이지만, 고등학교에 입학하고 나면 현실적으로 모든 생활과 관심사는 입시 우선으로 바뀝니다. 아이들의 인성과 적성 개발을 위한 동아리나 진로 탐색 활동, 독서, 봉사, 각종 체험활동들은 하나하나 학교생활기록부(줄여서 학생부 또는 생기부)를 꾸미는 항목이 됩니다. 거기에 중간고사와 기말고사 사이에 치러지는 각종 대회들, 영어 말하기나 에세이 쓰기 대회, 수학이나 과학 탐구(물리학, 화학, 생명과학, 지구과학) 경시 대회를 비롯해서 학교별로 다양한 대회가 있습니다.

경기도의 한 고등학교를 예로 들어보면, 발명 아이디어 공모대회, STEAM 탐구토론대회, 수리 창의문제 해결력대회, 융합과학 창의사고력대회, 문예대회, 우리말 겨루기대회, 인문 사회 골든벨, 정보 사고력대회, 프로그래밍 문제 해결력대회, 진로 포트폴리오 경진대회, 독서 디베이트 대회가 있습니다. 또 학생부 종합전형(학종)을 준비하려면 생기부의 꽃이라고 하는 세부능력 및 특기사항(줄여서 세특) 활동도 빼놓을 수 없습니다. 수업 중 배운 내용을 자신의 진로와 연계하여 추가로 탐구활동을 하는 것이죠. 고등학생 입장에서 할 수 있는 간이 연구 같은 것입니다. 예를 들어 건축공학과를 지원하려는 학생이 '확률과 통계' 수업에 "용산 상가 건물의 갑작스러운 붕괴 사건을 보고 〈노후 건물의 붕괴 위험성과 향후 대책〉이라는 주제로 탐구 보고서를 작성"하여 전공적합성을 보인 경우나, 경제학과를 지원하려는 학생이 '심화 영어' 수업에 "〈미중 무역 전쟁에 따른 한국의 금리 인하 가능성〉에 관한 영문 기사를 보고 보고서를 작성"하여 전공적합성을 보인 경우 등이 이에 해당합니다. 요즘엔 대외활동이나 수상 내용을 적는 데 제약이 많기 때문에 세특을 잘 채우는 것이 중요하다고 합니다. 그래서 교과 준비에 내신 지필고사와 수행평가 준비 이상이 필요한 셈입니다.

내신에 들어가는 지필고사(중간고사와 기말고사), 과목마다 이어지는 수행평가, 세특 준비, 수능 준비를 위한 모의고사에 동아리, 봉사, 각종 대회 준비까지 고등학교 생활은 정말 바쁩니다. 갑자기 어려워지고 양이 많아지는 교과 내용은 말할 것도 없습니다. 현실적으로 아이들은 수능에서 비중이 큰 수학과 국어에 대부분의 시간을 투자하기 때문에 절대평가인 영어는 늘 우선순위에서 밀립니다. 과목 특성상 시간이 많이 들고 성적을 쉽게 올리기 힘들다는 점도 고등학교에서 영어 학습 비중이 낮아지는 원인이지요. 한마디로 고등학교에 가면 영어 공부에 충분한 시간을 투자하기 힘이 듭니다. 그래서 중학교 때 영어를 끝내야 한다는 말이 나온 것이고요. 상대적으로 시간이 많은 중학교 때 영어를 많이 해 놓으라는 뼈아픈 조언 같은 것이죠.

## 제 나이에 맞춰 공부하면 흥미 유지에 최고

반면, 중학교 때 영어를 끝내 놓으라는 말은 다른 의미에서 영어로 시간을 벌라는 꿀팁이 될 수도 있습니다. 영어는 미국 교과 과정에 비슷하게 맞추어 가면 우리나라 교과 과정에서 선행이 되는 유일한 과목입니다. 다시 말해 미국 중학교 교과 과정 수준을 공부하면 우리나라 고등학교 과정까지 대체로 커버가 된다는 뜻입니다. 물론 수능의 킬러 문제에 해당하는 일부 어려운 지문들은 미국 고등학교 과정 수준까지도 필요하다고 하지만, 지필이나 수행에 필요한 상당한 영어 능력은 미국 중학교 과정으로 충분합니다. 애초에 수능 일부 지문이 미국 일간지 수준이며, 우리나라 고3에 필요한 어휘 수가 미국 고2 수준이라는 연구에 힘이 실리면서 영어 절대평가가 도입된 것이기 때문에, 지금은 절대평가 이전에 비해 난이도가 낮아진 상태이지요. 물론 우리 아이들이 중학교 때 미국 중학교 영어 수준이 되는 것도 절대 쉬운 일이 아닙니다. 하지만 비슷하게 맞추어 가려는 것으로 기준을 삼으면 이상적이겠지요. 특히 어휘력이나 시험에 필요한 연습은 고등학교에 가서 추가하더라도, 문장 구조를 이해하면서 읽고 듣는 훈련은 중학교에 틀을 잡아 놓을 수 있습니다.

이렇게 미국 교과 과정과 학년을 비슷하게 맞추는 걸 목표로 영어를 학습하면 또 하나 정말 중요한 장점이 있습니다. 제 나이에 맞는 읽을거리와 학습 방법을 접하면서 영어에 흥미를 유지할 수 있다는 점입니다. 다음은 챕터북 중 하나로, 미국 초등학교 1, 2학년 아이들이 많이 읽는 silly(바보 같고 우스꽝스러운)한 내용의 책입니다. 학교에서 친구들끼리 장난을 치는 내용, 방귀나 코딱지를 소재로 한 책도 있지요. 특히 초등 1, 2학년 남자아이들에게는 읽고 또 읽어도 재미있는 내용입니다.

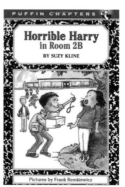

〈Horrible Harry in Room 2B〉는 실제 강남의 한 중학교에서 부교재로 쓰였고, 지필시험에도 출제됐던 책입니다. 하지만 과연 장난감 뱀으로 여자아이를 놀리는 내용의 책이 중학생에게도 재미있을까요? 영어 문장은 중학생 수준이었을지 몰라도 내용은 전혀 아니었을 겁니다. 제 나이에 맞지 않는, 단지 영어 레벨에만 맞춘 영어 학습이 과연 아이들에게 얼마나 매력적일까요?

옆 페이지에 있는 그림은 사이트워드sightword를 익히는 게임입니다. 바닥에 단어 카드를 놓고 술래가 단어를 말하면 자석으로 단어 카드를 낚시해 올리는 놀이죠. 유치원생이나 초등 1학년까지

는 정말 재미있게 반복하는 놀이입니다. 놀면서 사이트워드를 익히
는 좋은 방법이지요. 하지만 초등 2학년만 가도 아이들은 시시해합
니다. 사이트워드는 미국 유치원생부터 초등 저학년까지 배우는 내
용이라 아이들을 대상으로 한 재미있는 학습 활동들이 정말 많습니
다. 하지만 우리 아이들이 3학년 이상에서 사이트워드를 배우게 되
면 이러한 활동은 하나도 못한 채 무조건 글로 써 가며 외우는 공부
를 하게 되겠지요. 영어를 재미있게 배울 수 있는 기회를 놓치는 셈
입니다. 아이들은 자라면서 관심사와 호기심을 보이는 대상이 달라
지기 때문에 제 나이에 맞는 소재와 학습법으로 공부하는 것이 훨씬
효과적입니다. 이러한 상황은 초등 고학년이나 중학교에 가서도 마
찬가지입니다.

◇　**고등학교 때 영어 공부를 안 해도 되는 거라면 틀린 말**

　　이제 영어는 중학교 때 끝내라는 표현이 어느 관점에서 틀린지 짚어 보겠습니다. 사실 어떤 면에서는 당연히 말도 안 되는 소리일지도 모르겠습니다. 중학교 때 아무리 영어를 많이 해 놓았어도 고등학교에 들어가서 완전히 등한시한다면 내신과 수능에서 좋은 점수를 받을 수 없는 것은 당연합니다. 앞서 말씀드린 것처럼 고등학교에 들어가면 국어와 수학, 탐구영역 공부가 쏟아지고 그러다 보면 절대평가인 영어는 자연스럽게 뒤로 밀리기 쉽습니다. 중학교 때까지 영어 잘했다는 아이들 중에 고3 때 모의고사 1등급이 안 나오는 경우는 대개 고등학교에 들어와서 영어 학습량을 너무 줄여 버린 데 원인이 있습니다. 특히 고등학교 내신 지필시험은 1, 2등급간 격차가 한두 문제로 결정되기 때문에 그에 맞는 꼼꼼하고 성실한 준비가 필요합니다. 중학교 때 틀을 잘 잡아 놓았어도 교과서나 수능 기출에 맞추어 어휘나 독해, 어법을 익히고 확장해 나가는 것은 시험 준비 차원에서는 물론이고 영어 실력 면에서도 꼭 필요한 과정입니다. 다만 그 준비 시간이 다른 친구들보다 현저히 짧고, 그렇게 아낀 시간에 다른 과목을 공부할 수 있다는 것이 '중학교 때 영어를 끝낸다'는 표현의 숨은 뜻이겠지요.

　　'고등학교에 가서도 영어 공부를 해야 한다면 중학교 때 많이 안 해도 되는 것 아닌가요?' 하실 수도 있습니다. 중학교 때 소위 영어를 다 했다고 할 만큼 충분히 된 친구들은 고등학교 들어와서 내신 기간에는 다른 과목과 같이 영어 내신을 준비하고, 내신 기간 사이와 방학에는 주 1회 정도로 수능 기출과 어휘를 꾸준히 해 줍니다. 수행이나 세특을 준비하는 데 절대적으로 시간을 절약할 수 있는 것은 물론입니다. 영어 관련 동아리나 진로 탐구 활동을 할 수도 있지요. 반면, 중학교 때 영어가 충분히 되어 있지 않은 친구들은 내신 기간 외에도 주 2회 이상 영어 학습에 투자해야 합니다. 외워야 할 단어도 많고 수능 기출을 바로 할 수준이 안 되면 모의고사 기출을 풉니다. 하지만 고1, 2 모의고사와 수능 난이도는 차이가 커서 학년이 올라갈수록 학습량이 더 필요해지죠. 방학이 되면 문법이나 독해 특강을 들으면서 시간을 더 쓰기도 합니다. 이렇게 되면 수행에도 시간이 많이 들고, 세특 준비는 생각하기도 힘듭니다. 대회나 동아리에도 자신감이 없습니다. 이미 '영어 잘하는 아이들'이 많이 있으니까요.

　　여기까지는 일반고의 상황입니다. 외고나 특목고 영어 수업에는 어마어마한 부교재들이 있습니다. 교과서나 수능과는 비교도 안 되는 난이도에 그 양도 엄청납니다. 중학교 때의 준비 상황이 고등학교 생활을 얼마나 달라지게 하는지 체감이 되시나요? 하루 한 시간 더 잠자기가 소원인 수험생들에게 주 1회 수업을 절약하는 게 얼마나 큰지 모릅니다. 그렇게 아낀 시간으로 다른 과목을 더 할 수 있고, 그러면 전체적으로 선순환이 이루어지는 것입니다. 중학교에 영어를 끝내야 한다는 풍문을 고등학교에 가서는 영어를 안 해도 된다는 말로 오해하지 않으셨으면 합니다.

# 수능 영어는 절대평가니까
# 1등급은 만만하다?

초등생 자녀를 둔 학부모들에게 수능은 멀게 느껴질 수 있습니다. 초등은 6년 과정이라 시간이 더디 가지만 중학교 3년은 체감상 정말 빨리 지나갑니다. 고등은 고1 3월 모의고사를 보고 우왕좌왕하다가 갑자기 고3이 됩니다. 슬프게도 우리 아이들이 영어를 배우는 1차적인 목적은 결국 대입이기 때문에 수능에서 영어가 어떻게 다루어지고 있는지 그 흐름을 파악하는 것은 초등 학부모에게도 매우 중요합니다.

수능 영어는 절대평가로 90점만 넘으면 1등급입니다. 국어나 수학 등 다른 과목들이 상위 4%에게 1등급을 주는 것과는 다른 정책입니다. 2018학년도 입시, 즉 2017년에 시행된 수능부터 적용이 되었습니다. 그렇다면 왜 영어만 이렇게 되었을까요?

절대평가 시행 10여 년 전에 소위 영어 광풍시대가 있었습니다. 조기 유학, 어학연수가 붐이었고 '영유'라고 하는 영어 유치원이 유행했죠. 외고, 특목고 입시에서 토플 등 공인 영어 시험 점수를 인정하면서 영어 열기는 뜨거웠습니다. TV에서 '엄마 영어에 미치다'라는 프로그램이 화제였고, 거기에 패널로 몇 번 나갔다고 동네 치과의사가 아는 척을 할 정도였으니까요. 강연에 만삭의 임산부가 찾아온 적도 있었습니다. 그러다 영어는 철퇴를 맞습니다. 사교육의 주범으로 몰리고 가정 경제를 휘청거리게 하고 아이들을 경쟁으로 내모는 나쁜 존재가 되었죠. 그래서 학생과 가정의 부담을 줄여 주고자 90점만 넘으면 1등급을 주는 절대평가로 선회하였습니다. 표면적으로 이전보다 부담이 줄어든 것은 사실입니다. 그렇다면 그 실체는 어떨까요?

〈연도별 수능 영어 1등급 비율〉

|  | 절대평가 시행 학년도 | 1등급 비율 |
|---|---|---|
| 2017년 | 2018학년도 | 10.03 % |
| 2018년 | 2019학년도 | 5.3 % |
| 2019년 | 2020학년도 | 7.43 % |
| 2020년 | 2021학년도 | 12.66 % |
| 2021년 | 2022학년도 | 6.25 % |
| 2022년 | 2023학년도 | 7.83 % |

절대평가가 처음 시행된 2018학년도와 코로나 여파로 수능을 쉽게 출제해야 한다는 목소리가 높았던 2021학년도를 제외하면 대략 6퍼센트의 아이들이 1등급을 받았습니다. 상대평가인 4퍼센트에 비해 그다지 높지 않은 비중입니다.


◇    **수치로 보는 영어 절대평가 1등급 맞기**


그렇다면 간단한 산수를 통해 그 1등급이라는 것이 어떤 의미인지 체감해 볼까요? 입시에는 여러 종류가 있고 통계 수치들도 복잡하니 대략적인 수로만 해 보겠습니다. 대학을 가고자 하는 수험생은 대략 40만 명입니다. 인서울 상위 15개 대학 입학 정원은 5만 명이 채 안 되지요. 그중에서도 소위 스카이 서성한(서울대, 연세대, 고려대, 서강대, 성균관대, 한양대)의 입학 정원을 합치면 대략 2만 명 정도입니다. 40만 명의 5퍼센트이니 대략 영어 1등급 숫자보다 적네요. 그래도 나쁘지 않아 보입니다.

숫자가 너무 크니 실감이 잘 나지 않으신가요? 그렇다면 아이들의 학교로 와 보겠습니다. 고3 학생 숫자가 300명인 학교가 있다고 생각해 보죠. 300명의 6퍼센트는 18명, 즉 전교 18등까지 수능 영어 1등급을 맞는다고 가정해 보겠습니다. 대략 반에서 1, 2등 정도까지 되겠네요. 하지만 이것은 어디까지나 학교별 수준을 고려하지 않은 것입니다. 특목고, 자사고 아이들, 그리고 무엇보다 막강한 재수생, n수생들, 또 의대 입시를 노리는 대학생들까지 합세해 1등 급을 싹 가져갔을 것을 생각하면 실제 고3에서 1등급을 받은 인원 은 훨씬 적다고 봐야겠죠. 실제로 수능 영어 1등급이 한 명도 나오 지 않는 고등학교들도 있다고 합니다. 아직도 영어는 절대평가라 쉽게 느껴지시나요? 물론 수능 점수가 필요 없는 전형도 있고 영어 2등급을 맞아도 다른 과목을 잘 보면 얼마든지 기회는 있습니다. 다 만 학부모님들이 체감해 볼 수 있게 수치를 최대한 단순화해 본 것 이니 그렇게 이해해 주세요.

◇ **상위 5%의 아이를 바라면서 40만 대상 정책을 따른다?**

조금만 계산해 보면 알 수 있는 이런 수치에도 대부분의 학 부모님들은 왜 영어를 쉽게 생각할까요? 저는 방송이나 교육 정책 에 그 원인이 있다고 생각합니다. 영어 교육에 관련된 방송에 자문 을 하면서 여러 교수님과 전문가들을 만났습니다. 방송에서는 조기 영어 교육의 문제점을 지적하기도 하고 잘못된 부모의 욕심이 불러 올 부작용에 집중하는 경우가 많습니다. 하지만 사석에서 만난 그분 들은 대치동에서 아이를 키우거나 유학을 보내기도 했고, 많은 경우 방송과는 다른 의견을 보이기도 했습니다. 방송은 다수를 위한 것이기 때문에 경쟁을 조장하는 말을 할 수 없고 소수의 상위권 아이들보다는 몸통에 해당하는 중간을 대상으로 해야 하기 때문이죠.

교육 정책도 마찬가지입니다. 정책이란 40만을 대상으로 한 것이지 상위 5퍼센트, 즉 2만 명을 위한 것이 아니지요. 내 아이가 5퍼센트 안에 들기를 바란다면서 40만을 위한 정책을 따라가는 건 앞뒤가 안 맞는 일이지 않을까요?

코로나 상황으로 전국의 많은 영어 학원들이 어려움을 겪을 때, 대치동의 영어 학원들은 확장 이전을 했습니다. 유명한 영어 유치원 한 곳은 아이들 커리큘럼을 더 상향 조정했고요. 그 이전에도 7세반 아이들은 영어 유치원을 졸업할 때 미국 초등학교 2학년 과정을 하고 있었는데도 말이죠. 코로나로 3년 가까이 이어진 이 전대미문의 상황에서 교육의 양극화는 더 심해진 듯합니다.

물론 지난 영어 광풍의 시대에는 어두운 면이 있었습니다. 하지만 모든 일이 그렇듯 밝은 면도 존재했습니다. 영어 광풍 속에서 아이들의 실력은 쑥쑥 성장했고 그때 영어에 매진했던 아이들의 다수가 미국 명문대학으로 진학을 했고, 돌아와 국제관계 업무를 하고 있습니다. 그 시기의 말미에 초등시절을 보낸 아이들도 이제 거의 대학에 진학했습니다. 지금도 영어는 여전히 마음의 짐처럼 남아 있지만, 시키는 사람은 더 시키고 안 시키는 사람은 안 시키는 과목이 되었습니다. 몇 년 후면 우리 아이들의 영어 실력이 심각하다며 문제를 제기하는 뉴스 기사가 분명히 나타날 것이고, 그때 가서 정책이 바뀐다면 미리 준비 못한 아이들과 학부모는 난감해질 것입니다. 이미 전문가들 사이에서는 대학 신입생들의 영어 실력이 현저히 떨어지고 있다며 우려의 목소리가 나오고 있습니다. 많은 대학들이 신입생들을 대상으로 영어 시험을 치러 필수 이수 과목을 차등화하고 있습니다. 기업의 취업 담당자들은 지원자들이 어떤 과목을 이수했는지만 봐도 영어 실력을 알게 되겠죠. 대학만 들어가면 끝난다고 생각했던 영어의 굴레는 생각처럼 쉽게 아이들을 놓아주지 않습니다.

# 영어 실력 뒤집기는 불가능하다?

요즘은 공교육에서 영어가 처음 시작되는 초등 3학년부터 영포자가 나타난다고 합니다. 초등 3학년의 영어가 어려워서가 아니라 출발부터 이미 상당한 실력 차이가 존재하기 때문입니다. 아이들 입장에서는 달리기 시합을 하려고 섰는데 누구는 저 앞에 있고 자기는 한참 뒤에 있으면 해 봐야 안 되겠다는 생각이 들 수밖에 없죠. 물론 아이들은 "실력차가 커서 학습 의욕이 떨어져요"라고 말하지 않고 "영어가 재미없어요"라고 말합니다. 이런 출발선에서의 문제를 비롯해 암기 과목처럼 단기간에 점수를 올리기 어려운 점 등이 아이들을 힘들게 하면서 '영어는 역전이 불가능하다'는 이야기가 나온 듯합니다.

영어 유치원을 다니거나 엄마표로 일찍부터 착실히 준비한 아이들도 내내 자신감을 유지하며 영어를 하기는 어려운 일입니다. 당장 쓸 일도 없는 영어를 초중고 10년 동안 공부하면서 내내 흔들리지 않기란 쉬운 일이 아니니까요. 어느 때는 남보다 앞선 것 같다가도, 또 어떤 때는 한참 뒤처진 것 같아 불안합니다. 늦었다는 생각이 들 때 한 번쯤 마음먹고 도전해 보자 파이팅을 해 보게도 됩니다. 당연히 그 도전은 고등학교 때보다는 중학교 때가 이루기 쉽고, 중학교 때보다는 초등학교 때 이루기가 더 쉽습니다.

## ◇ 초등 5·6학년, 실력을 뒤집을 가장 중요한 시기

특히 본격적으로 영어를 공부하게 되는 초등 고학년이 실력을 뒤집을 수 있는 가장 의미 있는 시기입니다. 중학교 입학을 앞두고 어느 정도 긴장감도 생기고, 읽고 들을 수 있는 부분이 늘어나면서 학습에 재미도 느껴갈 수 있는 시기이니까요. 아직 본격적으로 영어를 시작하지 않았다면, 혹은 준비가 늦은 건 아닐까 걱정이 되신다면 빠른 시간에 집중적으로 파닉스를 끝내고, 충분히 읽고 들을 수 있도록 해 주시면 됩니다. 물론 쓰고 말하는 것도 함께해야 합니다. 유치원 때 시작한 아이들에 비해 놀면서 배우는 기회는 줄어드는 반면, 빨리 이해하고 빨리 외우기 때문에 학습에 속도가 붙으면서 재미를 느끼기도 쉽습니다. 초등학교 영어가 쉽다는 것에 방심하지 마시고 이 시기를 잘 활용하시기 바랍니다.

영어를 잘 준비해 온 아이들에게도 초등 고학년 시기는 중요합니다. 빠진 부분이 없는지 점검하며 채워야 할 시기인데 반해, 학교에서 지필평가를 보지 않아서 학습 동기를 잃기 쉽기 때문입니다. 특히 초등 고학년 시기에 외워야 할 단어는 늘고, 숙제가 많아지면서 부모님과의 관계도 나빠지고 영어 자체에도 흥미를 잃는 경우가 생깁니다. 잘하는 아이는 동네 학원에서 높은 레벨에 있다는 자만에 빠지기 쉽고, 엄마표 영어를 하지만 여전히 자기 주도적이 아닌 엄마 주도적으로 하는 아이는 더 이상 학습을 진행하기 어려운 지점에 이르기도 합니다.

### 아이의 현 상황을 정확하게 진단하기

혹시 방향을 잃고 우왕좌왕하고 계시다면 경험이 풍부하고 데이터가 많은 학원에서 레벨 테스트를 해 보고 전문가 상담을 받아 아이의 학습 상황을 정확하게 진단해 보는 것으로 시작하세요. 학원마다 중점을 두는 부분이나 테스트 방식이 다르기 때문에 다른 학원에서 점검을 받아보는 것은 의미가 있습니다. 엄마표를 하는 아이 역시 앞으로의 학습 방향에 도움을 받기 위해서 객관적인 실력 점검과 상담은 필요합니다. 점검 결과에 따라 학원이든 엄마표든 아이의 성향과 상황에 맞게 학습법을 결정하되, 엄마 주도적으로 하지 마시고 아이와 충분히 대화하고 영어 학습의 필요성을 먼저 인지시켜 주세요. 엄마 손잡고 또는 친구 따라 학원 가는 게 무작정 재미있는 나이는 지났기 때문에 이건 꼭 필요한 과정입니다. 더욱이 역전을 위해서는 어느 정도 집중적인 학습이 필요하기 때문에 반드시 아이의 의지가 있어야 합니다. 아이의 꿈을 이루는 데 영어가 어떤 역할을 하는지 알려 주셔도 좋고, 좋은 롤모델을 보여 주셔도 좋습니다. 로봇을 좋아하는 아이라면 데니스 홍 박사의 영상을, 축구를 좋아하는 아이라면 손흥민 선수가 영어로 인터뷰하는 영상을 보여 주시는 겁니다. 함께 학습량을 정하고 차근차근 학습 습관을 잡아가면서 중학교 입학을 준비하세요. 중학교에 입학하면서 영어에 자신감을 가지게 되면 새로운 출발이 가능합니다.

중학교 2, 3학년이 되고 고등학교에 가면 아쉽게도 우리 부모들이 도와줄 수 있는 영역이 점점 사라집니다. 순전히 아이의 몫이지요. 선생님이나 부모님의 도움으로 해석하고 문제풀이를 했더라도, 문제를 풀고 나서 지문을 붙잡고 혼자 씨름하는 절대적인 시간이 필요하니까요. 그렇다면 지금 아이들이 지나고 있는 초등 고학년의 시기가 얼마나 중요한지 아실 수 있을 겁니다. 아직은 부모님과 함께 계획을 세우고, 소소한 보상으로 즐거움을 얻을 때, 영어로 알게 되는 새로운 사실들이 흥미로울 때, 아직은 영어가 시험이 아닐 때 아이와 함께해 주세요. 아이의 미래를 위해 해 줄 수 있는 가장 큰 선물이 될 겁니다.

피그말리온 효과라고 들어보셨나요? 그리스 신화에 나오는 조각가 피그말리온은 자신이 만든 아름다운 여인상을 사랑하게 되었습니다. 여신 아프로디테는 피그말리온의 진심 어린 사랑에 감동하여 조각에 생명을 불어넣어 주었다는 내용입니다. 긍정적인 기대와 관심이 사람에게 얼마나 좋은 영향을 미치는지 이야기할 때 종종 언급되는 신화죠. 하버드 대학의 로젠탈Robert Rosenthal 교수가 이 피그말리온 효과를 아이들에게 직접 실험했습니다. 아이큐 검사를 한 후 지능이 뛰어난 학생 명단을 교사들에게 주었고, 일 년 후 이 아이들은 다른 학생들에 비해 좋은 학업 성취도를 보이게 됩니다. 하지만 실제 그 아이들은 무작위로 추출된 그룹으로 지능이 더 높은 아이들이 아니었죠. 그렇다면 어떻게 이런 결과가 나왔을까요? 이 연구에서 로젠탈 교수는 가르치는 과정에서 교사가 보여주는 비언어적인 요소의 중요성을 강조합니다. 다시 말해 가르치는 사람이 학생에 대해 기대치가 높다면 다음과 같은 경향을 보인다고 합니다.

1. 말 이외의 표현 수단, 즉 미소, 고개 끄덕임, 눈길, 설명할 때 몸을 가까이하기 등 긍정적인 몸짓을 한다.
2. 칭찬을 자주하고, 설명할 때도 좀 더 자세하고 풍부한 반응을 보인다.
3. 조금씩 더 가르치고자 하는 경향을 보인다.
4. 학생들의 대답을 적극적으로 유도하고 언어적, 비언어적 수단으로 학생들을 응원한다.

〈Rosenthal's Four-Factor Theory〉

이런 사소한 움직임이 모여 실제 아이들의 학업 성취에 영향을 미치더라는 것이죠. 하물며 하루에 몇 시간 보는 선생님의 기대치도 이렇게 중요한데 부모의 기대치는 어떨까요? 아이에 맞는 학습법을 제시하고 단단히 점검하며 가되, 섣부른 재단보다는 믿고 기다려 주는 마음도 잊지 않으셨으면 합니다.

## 중학교 영어 A등급이 고등학교에서
## 내신 5등급이 되는 참사는 왜 일어날까?

"우리 아이는 중학교 때 영어가 A였는데, 고등학교 가더니 5등급으로 떨어졌어요. 뭐가 잘못된 걸까요?" 학부모님들이 많이 당황해하는 부분이고 일선 교사들이 자주 받는 질문입니다. 잘못된 것은 없습니다. 중등 내신은 절대평가로 90점이 넘으면 A를 받습니다. 학교마다 시험마다 차이는 있지만, 많게는 중1에 70~80%의 학생이 A를 받기도 합니다. 중3이 되면 30~50%의 학생들이 A를 받습니다. 반면, 고등학교는 그야말로 성적순으로 줄을 세우는 상대평가입니다. 1등급이 4%, 2등급이 7%, 3등급이 12%, 4등급이 17%, 즉 누적으로 40%까지가 4등급입니다. 그러니 중학교에서 50%가 A를 받는 학교에 다녔다면 그중 누군가는 고등학교에서 4등급도 받고 5등급도 받게 되는 것이 당연합니다. 하지만 A라는 것 때문에 아이도 자만하기 쉽고, 부모님도 안도하기 쉬울 수밖에 없습니다. 교과서 학습에 충실해야 하는 것은 당연하지만 거기에만 머물러 있다면 현실적으로 고등학교 진학 후 엄청난 충격을 받을 수도 있습니다. 같은 A라도 그 속을 꽉 채운 아이들만이 고등학교에 가서 빛을 발할 수 있으니까요.

우리 아이는 아직 초등학생인데 왜 이런 무서운 얘기를 자꾸 하냐고 하실 수도 있습니다. 하지만 앞서 말씀드린 것처럼 초등과 중등 사이, 중등과 고등 사이에는 엄청난 갭이 존재하고 그 갭은 닥쳐서 열심히 한다고 쉽게 메워질 수 없기 때문입니다. 오랫동안 칼럼을 쓰면서 상담을 하고, 강연에서 여러 어머니들을 만나면서 늘 아쉬웠습니다. 생각보다 중고등학교 상황을 잘 모르시는 분들이 많고, 최소한으로 시키면서 충분하다고 여기는 분들이 많았습니다. 특히 첫아이를 키우거나 주변에 큰 아이를 둔 지인이 없는 경우, 그런 문제는 더 심각했지요. 그래서 꼭 말씀드리고 싶었습니다. 물론 모두가 영어를 열심히 할 필요는 없습니다. 모두가 대학에 가야 하는 것도 아닙니다. 말씀드리고 싶은 것은 우리 아이가 영어를 잘하면 좋겠고, 소위 좋은 대학에 가면 좋겠다고 생각하시는 분들조차 초등 고학년 시기의 중요성을 모른다는 겁니다.

예전에 '엄마, 영어에 미치다(2010)'라는 방송에 패널로 참여한 적이 있습니다. 영어를 너무 과하게 잘못된 방법으로 시켜서 문제가 생긴 경우 사연을 받고 솔루션을 주는 것이었죠. EBS '영어강국 코리아 Talk & Issue'에서는 반대로 영어 학습이 잘된 아이들을 찾아 왜 잘되고 있는지 전문가의 시선으로 분석해 주는 역할이었습니다. EBS '부모'에서는 아이의 성향에 따른 영어 학습법을 설명했습니다. 그때는 어떻게 하면 좋은 방법으로 잘시킬 수 있을까?가 화두였습니다. 영어에 관심은 높지만 원서나 교재, 동영상 자료들을 구하기도 힘들고 너무 고가여서 어려움이 많았습니다. 좋은 학습법에 대한 정보도 많이 부족했고요. 지금은 유튜브만 틀어도 원서를 읽어 주는 채널부터 다양한 자료까지 무료로 볼 수 있습니다. 핑계가 없습니다. 지금 영어를 못하는 아이들은 학습법의 문제가 아니라 그냥 안 해서 못하는 경우가 대부분입니다. 절대적인 학습량이 너무 줄어든 데다 코로나 여파로 그 상황은 더 심각해졌습니다. 고등학교에서 입시 수업을 하시는 선생님들은 이러한 학력 저하를 가장 먼저 체감하고 우려하더군요.

영어 교육의 성공을 이야기할 때 가장 많이 거론되는 나라가 핀란드입니다. 말하기 위주의 교육으로 전 국민의 70%가 영어를 할 줄 알게 되었다고 하지요. 하지만 속내는 조금 다릅니다. 핀란드는 인구 550만 명이 조금 넘는 작은 나라여서 공영방송의 뉴스나 일부 프로그램만이 핀란드어로 방송된다고 합니다. 그 외는 대부분 영어권 국가의 영상에 핀란드어 자막을 달아 방송하고요. 아이들은 어려서부터 영어로 된 만화나 드라마, 영화를 자연스럽게 보고 자라는 것이죠. 그래서 공교육에서 영어를 시작할 때 이미 아이들은 영어에 익숙해져 있는 상태입니다. 거기에 교육 방향까지 말하기 위주로 바뀌게 되니 효과를 거둔 것이죠. 영어를 잘하는 것으로 알려진 노르웨이나 스웨덴 역시 TV에 영어 콘텐츠가 더 많다고 합니다. 우리나라는 우리말로 된 재미있는 콘텐츠가 너무 많아서 아이들이 굳이 찾아보지 않으면 영어 방송을 볼 일이 없습니다. 영어 노래나 읽을거리 등도 마찬가지고요. 부모님이 신경 써서 영어 자료를 접하게 해 주지 않으면 자연스럽게 노출되기 힘든 환경입니다.

초등 고학년에 영어 동영상을 즐겨 보고 영어책을 읽는 아이들은 그 이전에 습관이 된 경우가 많습니다. 같은 맥락으로 중고등에 영어 자료를 스스로 찾아보는 아이들은 언제 습관이 생긴 걸까요? 초등 고학년 때일 겁니다. 영어는 문제 풀이에만 국한하지 않고 스스로 찾아 즐기고 영어를 통해 재미와 감동을 얻는 경험이 쌓여야 잘할 수 있습니다. 이렇게 해서 충분히 쌓인 경험치가 책을 읽거나 지문을 들을 때 배경지식이 되어 행간을 빠르게 채워 줄 겁니다. 그렇게 시간과 정성으로 채워진 영어라야 A등급이 5등급으로 바뀌는 참사에서 자유로울 수 있습니다. 여름에는 모두 반팔을 입으니 차이가 없어 보이지만 겨울이 되면 두꺼운 외투를 준비한 사람만 따뜻한 계절을 보냅니다. 그 외투는 아직 춥지 않을 때부터 미리미리 만들어 두어야 합니다.

# CHAPTER 2

## 수능 이후,
## 진짜 인생 영어의 시작

# 영어는 이과생에게 더 필요하다

부모님 세대에 영어는 문과생에게 더 필요했고, 이과생에게는 높은 수준의 영어를 요구하지 않았죠. 영어가 좀 부족해도 수학, 과학 실력만 있다면 큰 문제가 되지 않았습니다. 하지만 우리 아이들이 사는 세상, 살아갈 세상은 다른 듯합니다.

> 배영찬 디지스트(DGIST)교 학부총장은 "어느 노벨상 수상자가 '똑같은 주제로 연구해 같은 결과가 나와도, 논리적으로 잘 표현한 사람이 노벨상을 탄다'고 했다"며 "결국 교수나 연구원 모두 말하기나 쓰기가 매우 중요하다는 의미인데, 이를 위해선 수학·과학만 공부하지 말고 어린 시절부터 인문학적 소양도 같이 키워야 한다"고 말했다. 이승섭 카이스트 전 입학처장(기계공학과 교수)은 "결국 연구자로 논문을 쓰더라도 논리를 세우고 조리 있게 표현하는 것이 중요하기 때문에, 과학고·영재교 학생들도 국어나 영어 공부를 제대로 안 하면 성공하기 힘들다"고 말했다.
>
> 2017년 7월 13일자 조선일보

기사에서는 아무리 훌륭한 과학 연구 논문도 논리적으로 표현하는 것이 중요하며, 따라서 과학고나 영재교 학생들도 국어나 영어 공부를 제대로 해야 한다고 지적합니다. 실제 영재교에서는 대부분의 수업을 원서로 진행하고, 과학고에서도 원서 수업 및 과학 저널 원문을 이용한 수업이 진행되고 있습니다. 영재교나 과학고에 진학하기 위해 초등학교, 중학교에 수학과 과학을 치열하게 준비해 온 부모님과 아이들은 막상 입학한 후에 적잖이 놀랍니다. 분명 수학, 과학을 하느라 모두들 영어 공부할 시간이 없었을 것 같은데 적지 않은 아이들이 상당한 영어 실력을 가지고 있더라는 것이죠.

수능에서 영어 절대평가가 시행되던 2018학년도부터 카이스트 수시 일반전형에는 영어 면접이 추가되었습니다. 비중이 크지는 않지만 어쨌든 대학에서 영어를 필요로 한다는 상징적인 제스처가 되었고, 영어가 약한 아이들은 그 준비를 위해 또 시간을 쓰게 되었죠. 전체 강의의 85%를 영어로 진행하는 카이스트는 수학, 과학 공부에 치중된 아이들을 위해 입학 전 테스트를 보고 결과에 따라 한 달간 영어 캠프에 보내기도 합니다. 입학 후 들어야 하는 영어 수업도 다른 대학들처럼 차등을 두는 것은 물론입니다. 영어 수업에서는 과제 발표 또한 영어로 해야 하니 이과라고 해서 영어에 대한 부담이 줄어드는 게 아닙니다. 오히려 자신이 열심히 공부하고 연구한 수학, 과학의 지식을 표현하는 데 영어가 걸림돌이 된다면 정말 좌절스러운 상황을 맞게 됩니다.

상위권 대학에서는 이공계 수업도 영어로 하는 경우가 많습니다. 아이들이 나중에 실무를 해야 할 환경을 생각하면 당연한 변화입니다. 하지만 수능 영어 절대평가가 실시된 이후 아이들의 영어 학력 저하 문제는 꾸준히 제기되는 상황입니다. 수능 영어가 영어 실력을 말해 주는 것은 아니지만, 입시에서 영어의 중요성이 달라지는 것에 따라 고등, 중등, 초등에까지 미치는 여파는 생각보다 상당히 큽니다. 서울대 신입생들의 경우 영어 실력이 기준에 미달하여 '기초영어'를 수강해야 하는 학생의 비율이 2017년 29.55%에서 2020년 33.26%로 증가했다고 합니다(2017~2020학년도 연도별 신입생 수학 및 영어 성취도측정시험 평가 결과 중). 수학 과목 부족자가 15.02%인 것에 비해 영어 실력 부족 현상이 큰 것이죠. 우리가 주목해야 할 것은 이런 변화 자체가 아닙니다. 최근 들어 대학에서 신입생들의 영어 능력 저하에 대한 우려가 자주 제기되고 있다는 이야기는 조만간 그에 대한 대책이 강화될 수 있다는 것을 의미합니다. 지금은 사교육비를 줄인다는 명목으로 영어 비중을 늘리지 못하고 있지만, 경쟁력 약화에 대한 지적이 계속되면 언제 또 방향이 달라질지 모를 일이니까요. 그리고 그렇게 방향이 달라지고 나면 그때 가서 준비하는 아이들은 또 얼마나 힘들게 될까요?

영어의 중요성은 대학에서 끝나지 않습니다. 사실 사회에 나가 일을 할 때 체감하는 부분이 더 크죠. 한 스타트업 회사의 대표에 관한 기사가 화제가 된 적이 있습니다. 안상일 대표는 서울대 공대를 졸업한 엔지니어 출신으로 회사를 키우면서 겪었던 영어에 대한 아쉬움을 강조했습니다.

### '아자르 신화' 쓴 안상일 대표 "영어 죽어라 공부하길"

**IPO 대신 매각한 이유? … "살아남고 싶었다"**
**"내가 영어 잘했다면…" 2조에 회사 판 한국인 대표의 후회**

그는 10일 스타트업얼라이언스 주최로 강원도 강릉에서 열린 '스타트업 생태계 컨퍼런스'에서 "하이퍼커넥트 창업팀은 모두 비유학파, 엔지니어 출신으로 글로벌 경험도 없고 영어도 못했다"며 "만약 글로벌 시장에 관심이 있는 창업자라면 영어는 죽어라 공부해야 한다"고 강조했다. 안 대표는 "창업자가 영어로 커뮤니케이션을 잘 못한다는 건 참 힘든 일"이라며 "투자자들로부터 샘(자신의 영어 이름)이 영어를 잘했다면 회사가 훨씬 더 커졌을 것이라는 얘기까지 들었다"고 했다.

2022년 6월 10일자 한국경제신문

　　예전에는 외국의 선진 문물을 배워 오기 위해 영어가 절실했다면 이제는 우리의 좋은 콘텐츠를 알리기 위해서도 영어가 더 중요한 시점입니다. 열심히 연구하고 개발한 콘텐츠를 5천만의 작은 시장에서만 팔아야 한다면 얼마나 아까울까요? 영어만 더해지면 80억 큰 시장을 바라볼 수 있는데도 말이죠.

　　취업 시장에서도 마찬가지입니다. 요즘 모두가 취업이 어렵다고 하지만, 소프트웨어 분야는 파격적인 연봉에도 전문가를 구하기가 힘들다고 합니다. 소위 네카쿠배(네이버, 카카오, 쿠팡, 배달의 민족) 같은 이커머스 업계나 넥슨, 크래프톤 같은 게임회사들의 높은 연봉, 스카우트 경쟁이 자주 기사화되고 있죠. 소프트웨어 전문가가 되는 것도 경쟁력 있는 일이지만, 여기에 영어가 더해지면 훨씬 더 넓은 시장에 도전해 볼 수 있습니다. 구글, 메타(페이스북), 아마존 같은 빅테크 기업들의 AI, 프로그래밍, 빅데이터 등의 관련 사업 규모는 어마어마하고 점점 더 빠르게 성장하고 있습니다. 결국 첨단 산업의 리딩 기업은 엄청난 자본을 가진 이들이 될 수밖에 없으니까요. 그리고 그 기업들은 모두 영어를 사용합니다. 모두가 4차 산업혁명을 이야기하고 그 변화의 흐름을 놓치지 않아야 한다고 말하지만, 정작 4차 산업혁명이 어떤 언어로 이루어지고 있는지는 아는 사람만 알고 준비하는 사람만 준비하는 듯합니다.

# 플러스 알파를 요구하는 사회

'수포는 대포, 영포는 인포'라는 말, 들어 보셨나요? 수학을 포기하면 대학을 포기하는 것이고 영어를 포기하면 인생을 포기한다는 말입니다. 수능에서 수학이 차지하는 비중이 커지면서 대학에 가려면 수학을 잘해야 하지만, 실제 세상에 나오면 영어가 중요하다는 뜻이기도 하죠. 물론 과장된 표현이고, 당연히 모든 직업이 영어를 잘할 필요는 없습니다. 영어를 쓰지 않고도 잘 살 수 있는 길은 얼마든지 있으니까요. 하지만 한 가지 확실한 것은 자신이 가진 전문성에 영어가 더해지면 더 넓은 세상에서 더 많은 기회를 만날 수 있다는 점입니다.

영화배우 윤여정 님이 한국 영화 사상 최초로 오스카상을 받으면서 던진 위트 넘치는 수상 소감이 화제가 된 적이 있습니다. 큰

상을 받은 것도 대단하지만 그렇게 큰 무대에서 거침없이 영어로 이야기하고 사람들을 웃게 할 수 있다는 것에 모두들 감탄했지요. 원래도 연기를 잘하는 배우였지만 영어를 통해 또 한 번 전성기를 맞게 된 것입니다. 그 배우뿐 아니라 연예계의 많은 배우나 가수들이 영어를 잘하면서 더 주목을 받기도 하고, 세계 무대에서 활약하기도 합니다. 대형 기획사 소속 아이돌 팀은 아예 기획 단계부터 영어나 중국어가 가능한 멤버들을 포함시키기도 합니다. 스포츠 스타들도 외국 팀에 소속되어 팀웍을 발휘하거나 경기 중에 받은 부당함을 영어로 어필하는 모습에서 더 멋진 매력을 보이기도 합니다. 모두들 자신의 본래 전문성에 영어를 더해 가치를 올린 경우입니다.

몇 년 전 우리나라를 방문했던 레고 디자이너 프레데리크 롤랑 앙드레는 어떻게 하면 레고 디자이너가 될 수 있냐는 질문에 상상력, 협동심, 열린 사고가 있어야 한다고 했습니다. 그리고 아무리 뛰어나도 영어를 못하면 레고 디자이너가 될 수 없다고 답해서 아이들을 슬프게(?) 했죠. 팀원들과의 의사소통이 정말 중요하기 때문이라고 했습니다.

문과 상위권 학생들이 선호하는 진로 중에 UN을 비롯한 국제기구에서 근무하는 것이 있습니다. 외교부 국제기구인사센터 홈페이지에 들어가 보면 생각보다 훨씬 많은 국제기구들이 있고, 대학생 인턴십에 대한 안내부터 청소년 봉사단이나 각종 국제기구 취업에 관한 정보를 얻을 수 있습니다. 대부분의 국제기구 취업에 영어는 기본이고 제2외국어까지 요구하는 곳이 많습니다. 물론 어학 능력은 지원자의 스토리 중 한 가지에 불과하지만, 국제기구 쪽으로 꿈을 꾸는 학생이라면 당연히 준비해야 하는 부분일 것입니다. 김정태 유엔거버넌스센터(UNGC) 홍보담당관은 "국제기구에 들어와 보니 다른 능력보다도 핵심 내용을 글로 표현하는 능력, 그리고 이것을 영어로 잘 전달하는 능력이 가장 필요하다"고 인터뷰한 바 있습니다. 덧붙여 토플 같은 스펙에 연연하기보다는 진짜 영어 실력을 갖추는 것이 중요하다고 강조했습니다.

요즘 초등학생들의 희망 직업 순위를 아시나요? 1위는 운동선수, 2위는 의사, 3위는 교사, 4위는 크리에이터라고 합니다. 그중에 아이들 눈에 가장 쉬워 보이는 것은 크리에이터일 테지요. 물론 어른들은 그 역시 얼마나 힘든 길이고 엄청난 노력과 전문성이 필요한지 알고 있지만, 아이들 눈에는 시험을 보지 않아도 되고 공부를 안 해도 될 것 같아 좋아 보이는 모양입니다. 하지만 이렇게 1인 방송을 꿈꾸는 아이들에게 유명 크리에이터들은 현실적인 조언을 해 줍니다. 메이크업 전문 유튜버 씬님은 "유튜버로 활동하다 보니까 해외 네티즌들이 댓글을 달거나 전 세계를 무대로 이벤트나 행사를 가는 일들이 있더라. 스스로 영어 소통의 중요성을 느껴서 4년간 꾸준히 영어 공부를 했다"라며 언어의 중요성을 전했습니다. 유명한 게임 해설 방송가인 대도서관님은 "유튜브를 하면서 느끼는 게 한국은 작다는 거다. 그렇기에 언어 공부를 한다. 학생들이 내게 조언을 구할 때 난 딱 하나를 하라고 한다. 공부가 아무리 싫어도 영어는 하라고"라며 인터뷰한 바 있습니다.

축구의 손흥민 선수는 독일에서 오래 지낸 탓에 독일어를 잘하는 것으로 알려져 있습니다. 또 영국 프리미어 리그(EPL)에 소속되어 있으니 영어를 쓰는 게 맞다고 생각해서 영어를 배운다고 합니다. 또 새로운 언어를 배우면 은퇴 후에도 도움이 될 것 같다고 말하며 시합이나 훈련이 없을 때 영어 방송을 자막 없이 시청하면서 공부한다고 합니다. 테니스의 정현 선수는 2018년 호주 오픈 테니스 대회에서 한국인 최초로 4강에 들면서 화제가 되었고, 그때 유창한 영어 인터뷰로 인기를 얻었습니다. 정현 선수는 세계 투어에 참가하면서 의사소통의 중요성을 깨닫고 영어 공부를 했다고 합니다. 출전하는 나라의 문화를 배우기도 하고, 미드를 보며 재미있는 표현을 골라 외우고 기회가 될 때 사용하는 훈련을 했고, 일상 회화가 능숙해진 후에는 본격적으로 인터뷰 공부를 했다고 합니다. 유튜브에서 다른 선수 인터뷰를 찾아 반복해 보면서 공부했다고 하죠. 투어 선수들은 해외에서 생활하는 시간이 길기 때문에 영어가 자유롭지 않으면 현지에서 내 집처럼 편하게 지낼 수 없고 그러면 경기력에도 지장이 생길 수 있습니다. 더욱이 축구처럼 팀으로 하는 스포츠의 경우 팀원들 사이의 의사소통이 경기력과 바로 연결되기 때문에 언어가 더 중요하다고 합니다.

다양한 진로에 어떻게 영어가 영향을 미치는지 기사를 접할 때나, 롤 모델이 될 만한 인물들이 영어를 구사하는 모습을 볼 때 저장해 두었다가 아이들이 영어 공부하기 싫어할 때 한 번쯤 보여 주면 어떨까요? 영어가 플러스 알파가 되는 세상을 부모님은 알고 계시지만 아이들은 잘 모르니까요. 당장은 관심 없는 척 보여도 마음속에 남을 겁니다. 무조건 공부해라 하는 것보다 오히려 좋은 동기가 될 수 있습니다.

교육은 확률 게임이라고들 합니다. 긴 시간 아이들의 미래를 위해 여러 가지를 준비하게 되니 나중에 결과론적으로 무엇이 의미가 있었는지 셈을 해 보게 되는 것이죠. 헛돈 쓰고 헛고생했다는 말을 하지 않기 위해선 전략을 잘 세워야 한다고 말합니다. 교육이 그런 거라면 게임이 끝나는 건 어디일까요? 현실적으로는 대학 입시일 겁니다. 그리고 그때는 아이들이 성인이 되는 시기와 딱 맞물려 있기도 하고요.

저희 아이는 초등 내내 영어 위주로 학습했습니다. 일곱 살에 미국에서 돌아와 한글도 다 못 뗀 채로 초등학교에 입학했고, 내성적이고 조심성 많은 아이라 여기저기 잘 어울리지 못해 그나마 편한 영어 학원에 보내고 영어 만화나 책을 보며 놀았습니다. 엄마가 영어 관련 일을 하니 아는 게 그쪽이라 더 그랬을 겁니다. 굳이 핑계를 대자면 수학 학원을 한 번 보내 봤는데 잘 못 따라갔던 게 더 큰 원인이었을 겁니다. 결국 6학년이 되어서야 수학 학원에 다니기 시작했습니다. 동네 아이들 다 다니는 그 흔한 창의 수학이니 사고력 수학이니 하는 것도 배우지 못했습니다. 중학교 때는 로봇을 했습니다. 비싼 로봇 키트와 노트북을 사고 3년 동안 주 1회씩 로봇 프로그래밍을 하는 학원에 다녔습니다. 중학교 3년 내내 학교 대표로 뽑혀 기계과학대회에 출전하기도 했습니다. 로봇 꿈나무가 되는 줄 알았습니다. 하지만 학년이 올라갈수록 시간이 어마어마하게 들어가는 로봇과 학업은 병행하기 힘들었습니다. 로봇 특기가 대학 가는 데 별 도움이 안 된다는 것도 알게 되었고요. 일찍부터 물리 공부를 과하게 시킨 탓에 물리라면 질색하는 부작용도 생겼습니다. 고1엔 학종(학생부 종합전형)에 대비한다고 각종 동아리며 봉사, 학교 프로그램에도 참여했습니다. 결국 고2 여름부터는 현실을 받아들이고 정시에 올인했고요. 고3엔 가장 부족한 국어와 과학 탐구에 가장 많은 시간과 돈을 들였습니다. 그리고 드디어 대입! 아이는 그간의 그 많은 노력과는 상관없이 수리 논술로 합격했습니다. 수학으로 학교에 간 셈이 되었죠. 가장 늦게 시작했고, 그 흔한 1타 강사 수업 한 번 안 들었던 수학에서 결과가 나온 것이었습니다.

　대입이 끝나고 여러 가지 생각이 들었습니다. 초등학교 때 뭐하러 하기 싫다는 피아노는 꾸역꾸역 시켰을까, 뭐 하러 울며불며 영어 숙제를 하게 했을까, 중학교 때 비싼 로봇 상자는 왜 사 줬을까, 무엇보다 고3 때 쓴 국어 과외비가 가장 아까웠습니다. 아이도 약간 허무하다고 했고, 저도 너무 비효율적으로 달려왔던 게 아니었나 생각이 들기도 했습니다. 교육이 정말 확률 게임이라면 결과적으로 저는 배팅을 완전히 잘못한 것이었으니까요.

교육은 여러 그루의 나무를 심는 것 같기도 합니다. 어느 나무에서 열매를 맺을지 모르니 골고루 물도 주고 거름도 주며 살피는 것이죠. 또 교육은 한 그루의 나무를 잘 키우는 것 같기도 합니다. 잘 자라라고 이렇게도 저렇게도 해 보며 그때그때 가장 좋은 것을 주려고 노력하는 것이죠. 교육이 나무를 키우는 것이든 확률 게임이든 한 가지 확실한 것은, 영어는 어디에나 좋은 영양분이 된다는 것입니다. 입시에서 시간을 절약하게 해 주는 치트키가 되든, 아이들에게 더 넓은 세상을 보여주는 열쇠가 되든, 새로운 것을 알아가는 즐거운 놀이가 되든, 영어는 가장 실패 확률이 적은 거름과도 같습니다. 결국은 수리 논술로 대학에 간 아들도 생각해 보면 초등학교와 중학교 때 영어가 충분히 되었기에 고등학교 가서 수학에 공을 들일 수 있었던 셈이니까요.

오랜 시간 아이들을 가르치다 보니 유치원에서 만난 아이들이 대학에 들어가고, 초등학교에서 만난 아이들이 부모가 되고, 고등학교에서 만난 아이들이 직장에 다니며 직접 또는 엄마들을 통해 근황을 전합니다. 어려서 잘했던 아이가 역시 커서도 잘하는 경우도 있고, 어려서는 느렸지만 뒤늦게 두각을 나타낸 놀라운 아이들도 있습니다. 물론 어려서는 뛰어났지만 사춘기의 풍파에서 순항하지 못한 아이들도 있고요. 그런 여러 모습을 보면서 아이들의 미래는 참 예측하기 어렵다는 생각이 듭니다. 계획대로 되는 게 없어서 때로는 절망스럽기도 하지요. 하지만 한 가지 확실한 건 부모로서 무언가를 준비해 줄 수 있는 시간은 초등 고학년을 지나 중학교 때까지라는 겁니다. 고등학교 때는 본격 입시 준비에 들어가니 모두 한 방향으로 달리게 되니까요. 특히 이 책에서 강조하고 싶었던 영어 전환기, 즉 초등 고학년의 3년은 가능성이 가장 크게 열려 있는 시간입니다. 어떻게 방향을 잡고 준비하는가에 따라 정말 많은 것이 달라질 수 있고, 우리 아이들은 자신이 꿈꾸는 그 어떤 것도 될 수 있으니까요. 하지만 다르게 말하면 가장 위험한 시기이기도 합니다. 생각하는 대로 살지 않으면 사는 대로 생각하게 된다는 말이 있습니다. 큰 그림 없이 닥친 문제에만 괴로워하며 하루하루를 보내다 보면 몇 년 후 어려운 위치에 서 있을 수도 있습니다. 최선의 방법을 찾기 위해 망설이고 시간을 보내고 계신다면 무엇이든 바로 시작하시기를 부탁드립니다. 하면서 최선을 찾으셔도 됩니다. 영어를 못하는 이유는 잘못된 방법으로 해서이기도 하지만, 그저 공부를 안 해서 그런 경우가 더 많습니다.

영어 교육 전문가로 글을 쓰기 시작했는데 중간 중간 감정적인 부분이 있었던 것 같습니다. 아이를 먼저 키운 선배 엄마의 안타까운 마음 때문이었다 생각하시고 너그러이 이해해 주시기 바랍니다. 제가 대학 시절 참 힘들게 과외했던 질풍노도의 여고생은 지금은 어엿한 대기업 중견 사원이 되어 명절마다 안부를 전합니다. 그러고는 영어 때문에 스트레스를 받을 때마다 아직도 귀엽게 푸념합

니다. 왜 그때 자기한테 영어 공부 열심히 하라고 안 했냐고요. 영어
는 입시에서 끝나지 않고 평생을 빛나게 해 주는 보석이 될 수도, 평
생을 발목 잡는 사슬이 될 수도 있습니다. 우리 아이들 영어의 중요
한 전환점에서 이 책의 어느 한 부분이라도 도움이 되었으면 하는
마음 간절합니다.

# 출처

59쪽       『Spectrum Reading Gr 3. Gr 5』 Carsondellosa

100~102쪽       『Book Reports』 김경하, 사람in

125쪽       〈중학 영어 듣기 능력 평가 2022년 4월 시행분〉

146쪽 위       〈2022 마곡중 2 영어과 평가 비중표〉

146쪽 아래       〈2022 무룡중 1 영어과 수행평가(6월, 7월) 계획표〉

147쪽       『초등6 영어교과서』 p.167 동아출판사

148쪽       〈2019 영어과 과정중심 수행평가 자료- 제주특별자치도교육청〉

155쪽       〈에듀넷 티-클리어(한국 교육 학술 정보원) 교육정책)교육과정 2015 개정 교육과정〉

156쪽       〈에듀넷 티-클리어(한국 교육 학술 정보원) 교육정책)교육과정 2022 개정 교육과정〉

158쪽       〈2018 휘문고1 기출〉

160쪽       〈2022 학성고1 영어과목 평가 비중표〉

175쪽       〈2022 현대청운고 영미문학읽기 평가기준표〉

167쪽       〈고려대학교 2022학년도 신입생 영어시험 안내〉

168쪽       〈한양대학교 2021학년도 신입생 영어시험 안내〉

177쪽       〈2019 도곡중1 기출〉

182쪽       〈2019 도곡중1 기출〉

183쪽 위       〈2019 도곡중1 기출〉

183쪽 아래       〈2019 숙명여중1 기출〉

184쪽       〈2019 숙명여중1 기출〉

185쪽       〈2022 학년도 수능 영어 24번 지문 중〉

190쪽       〈2019 도곡중1 기출〉

191쪽       〈2019 숙명여중1 기출〉

192-197쪽       〈2019 영어과 과정중심 수행평가 자료- 제주특별자치도교육청〉

209~213쪽       〈중학 영어 듣기 능력 평가 2022년 4월 시행분〉

| 218쪽 | 위 〈2019 숙명여중1 기출〉 |
| | 아래 〈2019 도곡중1 기출〉 |
| 219~220쪽 | 〈2019 도곡중1 기출〉 |
| 236쪽 | 『Yuck -Yuck's Big Booger Challenge』 Matt and Dave, Simon & Schuster |
| | 『Horrible Harry in Room 2B』 Suzie Kline, Puffin Books |
| 237쪽 | 『Sight Words』 김경하, 사람in |
| 242쪽 | ebsi.co.kr |
| 251쪽 | eric.ed.gov/ED426985 1998-12-00 Good or Bad, What Teachers Expect from Students They Generally Get! ERIC Digest. |
| 258쪽 | 〈수학·과학 편식한 과학고 출신들 "영어강의 두려워요."〉 2017년 7월 13일 조선일보 기사 중 발췌 |
| 261쪽 | 〈"내가 영어 잘했더라면…" 2조에 회사 판 한국인 대표의 후회〉 2022년 6월 10일 한국경제신문 기사 중 발췌 |